Magazin

erwachsenenbildung.at

Das Fachmedium für Forschung, Praxis und Diskurs

https://erwachsenenbildung.at/magazin

Ausgabe 46, 2022

Corona, Demokratie und politische Bildung

Ansatzpunkte, Deutungen, Zugänge

Herausgeber*innen der Ausgabe:
Sonja Luksik und Stefan Vater
Wien

Online verfügbar unter:
https://erwachsenenbildung.at/magazin

Herstellung und Verlag:
BoD – Books on Demand, Norderstedt

Inhaltsverzeichnis

Aus der Redaktion

01 **Editorial**
Sonja Luksik und Stefan Vater — 3

Thema

02 **Demokratie als Dystopie. Wie politische Bildung dem entgegenwirken kann**
Daniela Ingruber — 9

03 **Sorg(e)loser Staat, souveränes Subjekt? Ein Interview mit Gundula Ludwig über unerwartete Normalität und das Ausblenden von Verletzbarkeit in der Pandemie**
Sonja Luksik — 17

04 **Die gefährlichen Anderen. Der Neoliberalismus und das Zeitalter der Pandemien. Eine Gegenüberstellung und Zuspitzung**
Stefan Vater — 23

05 **Für eine emanzipatorische Perspektive politischer Bildung. Im Gespräch mit Ulrich Brand über die Transformation zur solidarischen Lebensweise**
Simone Müller — 34

06 **Die Querdenker*innen als Herausforderung. Erwachsenenbildnerische Reflexionen für eine gelingende politische Bildung**
Martin Haselwanter und Bernd Lederer — 42

07 **Proteste gegen die „Corona-Politik" und das politische Feld. Die Notwendigkeit ungleichheitssensibler Zugänge in der politischen Erwachsenenbildung**
Catrin Opheys und Helmut Bremer — 53

08 **Mit Corona „leben lernen". Über die Bedeutung gemeinsamen Lernens in politischen Öffentlichkeiten**
Gesa Heinbach — 65

09 **Verständnisse und Missverständnisse des Kritik-Begriffs. Reflexive Kritik als Modus einer mündigkeitsorientierten politischen Bildung**
Stefan Müller — 72

10 **Politische Erwachsenenbildung in der Krise? Eine Reflexion**
Michael Görtler und Charlotte Palatzky   **81**

11 **Über Verwundbarkeit und Handlungsfähigkeit in Krisenzeiten. Ein Plädoyer
für mehr Zeit, mehr Dialog, mehr Kooperation**
Erik Weckel   **90**

Praxis

12 **Öffentliche Konsultationen: Ihre Meinung zählt!?
Partizipative Demokratie-Instrumente in der politischen Erwachsenenbildung**   **98**
Britta Breser

Kurz vorgestellt

13 **Der Demokratie MOOC. Potentiale und Problemstellen der digitalen
Politischen Erwachsenenbildung in der (COVID-19) Krisenzeit**   **104**
Christin Reisenhofer

Rezension

14 **Post/pandemisches Leben. Eine neue Theorie der Fragilität.
Yener Bayramoğlu, María do Mar Castro Varela**   **110**
Georg Ondrak

Englischsprachige bzw. bei englischsprachigen Artikeln deutschsprachige Abstracts finden sich im Anschluss an die Artikel (ausgenommen Rezension).

Editorial

Sonja Luksik und Stefan Vater

Luksik, Sonja/Vater, Stefan (2022): Editorial. In: Magazin erwachsenenbildung.at. Das Fachmedium für Forschung, Praxis und Diskurs. Ausgabe 46, 2022.
Online: https://erwachsenenbildung.at/magazin/ausgabe-46.

Schlagworte: Corona-Pandemie, politische Erwachsenenbildung, Krisenbearbeitung, Bio-Politik, Demokratie, Kritikfähigkeit, Protestbewegung, Mündigkeit, Dialog, imperiale Lebensweise

Abstract

Seit 2020 dominieren die Corona-Krise und der Umgang damit das gesellschaftliche Leben, die Erfahrungen der Menschen und vor allem den Diskurs – auch in der Erwachsenenbildung. Die in Österreich gesetzten Maßnahmen zur Eindämmung der Pandemie machten rasch bestehende Herrschaftsverhältnisse und soziale Schieflagen sichtbar. Statt derart problematische Verhältnisse aufzulösen oder zumindest einzudämmen, verstärkten die Maßnahmen diese aber weiter, kritisieren die Herausgeber*innen der vorliegenden Ausgabe des „Magazin erwachsenenbildung.at". Vor allem fehle es an Spielraum für Kritik und Diskussion in einem dialektischen Sinn. Die Beiträge zur Ausgabe zeigen das Ausmaß und die Dimensionen der Krise auf und machen Vorschläge, wo politische Erwachsenenbildung ansetzen kann, um Kritikfähigkeit, Mündigkeit und Dialog zu fördern. Dabei machen sie vielfach auch sehr persönliche Überzeugungen von Forscher*innen und Praktiker*innen der Erwachsenenbildung und der politischen Bildung sichtbar. Thematisiert werden die Demokratie als Form des politischen Lebens selbst, gesellschaftliche Herrschaftsverhältnisse, die Querdenker*innen-Bewegung und Praxis-Angebote zur politischen Erwachsenenbildung. (Red.)

01

Aus der Redaktion

Zitation

Editorial

Sonja Luksik und Stefan Vater

Seit Ausbruch der Corona-Pandemie im Jahr 2020 hat sich die Welt in einem rasanten Tempo und mit ungeheurer Intensität gewandelt. Der Begriff der „Vielfachkrise" existierte zwar schon davor, bringt das Empfinden einer Unübersichtlichkeit, Überlagerung und Gleichzeitigkeit von gesellschaftlichen Krisen aber treffend wie nie auf den Punkt: Ukraine-Krieg, Inflation, Klimakrise, Erosion der Demokratie – eine Krise jagt die nächste. Die Corona-Krise dominierte das gesellschaftliche Leben und die Erfahrungen von großen Teilen der Menschheit: nicht nur in Bezug auf staatliche Maßnahmen, sondern vor allem hinsichtlich der Diskursdominanz. Kaum ein anderes Thema drängte sich so sehr in den Vordergrund wie das Virus und Strategien zu seiner Eindämmung.

Vertiefte Widersprüche...

Aus einer politischen Perspektive zeigte sich, dass die Pandemie bereits bestehende Herrschaftsverhältnisse sowie ökonomische und soziale Schieflagen einerseits sichtbar machte, andererseits damit zusammenhängende Widersprüche vertiefte. So wurde alles getan, um die kapitalistische Produktionsweise und Profitmaximierung aufrechtzuerhalten. Menschen sollten weiterhin in großen Betrieben, Supermärkten und Krankenhäusern arbeiten, sich in der Freizeit jedoch mit niemandem treffen. Kapitalinteressen aus Tourismus und Gastronomie wurden berücksichtigt, während eine sichere Lernumgebung an Schulen ganz und gar nicht selbstverständlich war. Home-Schooling und Home-Office wurden ohne Rücksicht auf Frauen, Alleinerzieher*innen, aber auch generell Eltern vereinbart. Vulnerable Gruppen wie Geflüchtete an den EU-Außengrenzen, Wohnungslose oder Kinder kamen im Pandemie-Diskurs nicht einmal vor.

Eine zu konstatierende „Politik der Pandemie" greift seit 2020 in Österreich und Europa auf Instrumente des staatlichen Ausnahmezustandes zurück und regiert vorrangig über Verordnungen. Grundrechtsbeschränkungen und eine Machtverschiebung von der Legislative zur Exekutive in Krisenzeiten drohen sich einzureihen in globale Tendenzen einer „autoritären Wende". Die Technisierung des Politischen und eine Stärkung der Rolle von „Expert*innen" sind weitere Tendenzen, die sich während der Pandemie beobachten lassen und einem Autoritarismus Vorschub leisten.

... neue Verwerfungen?

Neben bereits bekannten gesellschaftlichen Widersprüchen führte die Corona-Krise zu neuen Verwerfungen, Erschütterungen und Spaltungslinien, die mit scheinbaren Sicherheiten und Gewissheiten brachen. Es formierten sich neue Allianzen, wie am Beispiel der Proteste gegen die Corona-Maßnahmen eindrücklich zu sehen ist. Ein (teils obskur anmutendes) Sammelsurium aus Esoteriker*innen, Alt-68ern, Rechtsextremen und Kleinbürgerlichen bildet eine reaktionäre Bewegung, deren größte Schnittmenge einerseits die Ablehnung jeglicher staatlicher Maßnahmen zur Eindämmung der Pandemie ist, andererseits der Rekurs auf Verschwörungstheorien, die häufig von Antisemitismus durchzogen sind. Demgegenüber steht das aufgeklärte, stets vernünftige und staatliche Maßnahmen affirmierende Individuum, das frei von jeglichen Emotionen agiert – so zumindest das in Politik und Medien omnipräsente Bild. Es scheint, als wäre die Konfliktlinie eindeutig: Corona-Leugner*innen, Impfgegner*innen und Verschwörungstheoretiker*innen auf der einen Seite gegen Aufgeklärte und Vernünftige auf der anderen Seite. Diese analytisch und empirisch verkürzte Dichotomie blendet oben beschriebene gesellschaftliche Interessengegensätze und Konflikte, die durch die Pandemie verstärkt wurden, gänzlich aus. „Pandemiebekämpfung" erscheint als individuelle Kraftanstrengung, bei der man sich nur für die richtige „Seite" entscheiden und eigenverantwortlich handeln muss. Für eine Kritik an herrschenden Missständen, an strukturellen Ungleichheiten und für das Aufzeigen von emanzipatorischen Handlungsmöglichkeiten bleibt im „nationalen Schulterschluss" kein Platz.

Erwachsenenbildung in der Pandemie – die einzelnen Beiträge im Überblick

All diese Entwicklungen machen auch vor der Erwachsenenbildung nicht halt und stellen sie vor zahlreiche Herausforderungen. Die Beiträge der vorliegenden Meb-Ausgabe behandeln nachfolgende Themen:

Daniela Ingruber geht in ihrem Beitrag „Demokratie als Dystopie. Wie politische Bildung dem entgegenwirken kann" von der beschworenen Krise der Demokratie ab den späten 1990ern aus und zeichnet das Bild einer „demokratischen Jukebox" – Demokratie wird zum Wunschkonzert. Mit dem Beginn der Corona-Pandemie wird die Demokratie den Maßnahmen zur Pandemiebekämpfung unterworfen. Und dennoch bleibt Demokratie der Sehnsuchtsort enttäuschter Hoffnungen und sie ist zerbrechlich.

Sonja Luksik spricht in einem Interview mit **Gundula Ludwig**, Professorin für Sozialwissenschaftliche Theorien der Geschlechterverhältnisse an der Universität Innsbruck, über die Funktionsweisen von Bio-Macht und geschlechtlicher Arbeitsteilung in Krisenzeiten. Wurde zu Beginn der Pandemie noch über strukturelle Probleme in unserer Gesellschaft gesprochen, war bereits nach kurzer Zeit ein Festhalten an der Normalität beobachtbar, zeigt sich Gundula Ludwig erstaunt. Ein „Souveränitätsphantasma" in der staatlichen Krisenbearbeitung blende zudem Körper, Emotionen, Verletzbarkeit und Sorge aus.

Stefan Vater versucht in seinem Beitrag „Die gefährlichen Anderen. Der Neoliberalismus und das Zeitalter der Pandemien" Arbeitsfelder der politischen Erwachsenenbildung in Zeiten der Pandemie zu benennen. Dazu erfolgt eine zugespitzte Charakterisierung der aktuellen Gesellschaftsformation mit ihren Paradoxien und eine Beschreibung jener Regierungsformen, also jener Steuerungsformen, mit denen Maßnahmen gegen die Pandemie eingesetzt wurden. Es waren Maßnahmen, die durch den Schutz »des Lebens« gerechtfertigt und begründet wurden. Nach einer Einleitung zum Konzept der Biopolitik, das eine Politik beschreibt, die »das Leben« ins Zentrum setzt, erfolgt eine Analyse des Zusammenwirkens von Pandemie und Neoliberalismus in Zeiten der Pandemie.

Simone Müller spricht in einem Interview mit **Ulrich Brand**, Professor für Politikwissenschaft an der Universität Wien, über gegenwärtige Gesellschaftsdiagnosen, diese fallen gemeinhin dystopisch aus: Corona, Klima und Krieg verweisen auf Krisen und Katastrophen globalen Ausmaßes. Ulrich Brand argumentiert, dass sie in Zusammenhang stehen mit einer imperialen Lebensweise, die erdumspannende Verhältnisse der Ausbeutung und Ungleichheit beinhaltet. Demgegenüber wäre eine solidarische Lebensweise zu stellen, die es individuell und gesellschaftlich zu erlernen sowie politisch zu fördern und abzusichern gilt.

Martin Haselwanter und **Bernd Lederer** thematisieren in ihrem Beitrag „Die Querdenker*innen als Herausforderung. Erwachsenenbildnerische Reflexionen für eine gelingende politische Bildung" jene Protestbewegung, die sich seit dem Frühjahr 2020 gegen die Maßnahmen zur Eindämmung der Corona-Pandemie formierte. Angesichts ihrer Heterogenität wird diese mitunter als erste postmoderne Protestbewegung skizziert, als politisch nach rechts tendierende Querfront ganz unterschiedlicher Aktivist*innen. Die Autoren beschließen ihre Analyse der Querdenker*innen mit Schlussfolgerungen für die Erwachsenenbildung.

Catrin Opheys und **Helmut Bremer** befassen sich ebenso mit Protestbewegungen in Zeiten von Corona. Ihr Beitrag „Proteste gegen die ‚Corona-Politik' und das politische Feld. Die Notwendigkeit ungleichheitssensibler Zugänge in der politischen Erwachsenenbildung" fasst die mit der Corona-Pandemie und den politischen Maßnahmen aufkommenden Protestbewegungen als gesellschaftlich und medial in bestimmter Weise sichtbar. Häufig werden diese als defizitär, als „rechts-orientiert" und wissenschaftsfeindlich wahrgenommen und im Kontext von Verschwörungsmythen verortet. Eine solche Wahrnehmung hat auch Auswirkungen darauf, wie sich die politische Bildung zu den Protesten positioniert und in ihren Angeboten konzeptionell aufgreifen kann.

Gesa Heinbach eröffnet in ihrem Beitrag „Mit Corona ‚leben lernen'. Über die Bedeutung gemeinsamen Lernens in politischen Öffentlichkeiten" mit dem Begriff des „öffentlichen Lernens" eine Perspektive auf die politisch-öffentliche Auseinandersetzung über neue Erkenntnisse, um darauf basierende Entscheidungen demokratisch zu verankern. Dabei wird auch auf die Frage eingegangen, ob sich gesellschaftliche Ordnungssysteme in der Corona-Krise eher verflüssigen oder sich im Gegenteil durch ihre Wirksamkeit bewähren. Schließlich wird diskutiert, wie öffentliches Lernen und der Umgang mit modernen Paradoxien zusammenhängen.

Stefan Müller fragt in seinem Beitrag „Verständnisse und Missverständnisse des Kritik-Begriffs": Gibt es Unterscheidungsmöglichkeiten, um „kritische Ansätze" in der politischen Bildung von anderen abzugrenzen? Der Beitrag rückt zwei miteinander verbundene Fragen in den Mittelpunkt. Zum einen werden normative Annahmen politischer Bildung diskutiert, die die Differenz zwischen gesinnungsethischen und mündigkeitsorientierten Bezügen sichtbar machen. Zum anderen wird an die dialektische Konzeption der Kritischen Theorie erinnert, die auf dichotome Annahmen zu reflektieren erlaubt und sie in eine Vermittlung überführt.

Michael Görtler und **Charlotte Palatzky** gehen in ihrem Beitrag „Politische Erwachsenenbildung in der Krise? Eine Reflexion" von einer Demokratie- und Repräsentationskrise aus, die sie mit Rekurs auf Hartmut Rosa auch als Beschleunigungs- und Resonanzkrise interpretieren. Diese Krisentendenzen hätten sich in der Pandemie verschärft, Desynchronisation und Entfremdung traten als Folgen in Erscheinung. Auf Basis dieser Analyse identifizieren die Autor*innen vier Krisensymptome der politischen Erwachsenenbildung.

Erik Weckel thematisiert in seiner Reflexion „Über Verwundbarkeit und Handlungsfähigkeit in Krisenzeiten" die Verknappung von Zeit und Raum. Der vorgeblichen Alternativlosigkeit und Technisierung von sozialen Problemen und Konflikten etwas entgegenzusetzen, sei eine zentrale Übung politischer Bildung. Weckel stellt unübersehbar die soziale Frage in Zeiten von Corona – bezogen auf Pandemie-Maßnahmen, die im Grunde wie Ungleichheits-Brandbeschleuniger wirken. Sein assoziativer Essay kann als Plädoyer für Dialog und Kooperation gelesen werden.

Britta Breser gibt in ihrem Beitrag „Öffentliche Konsultationen: Ihre Meinung zählt!? Partizipative Demokratie-Instrumente in der politischen Erwachsenenbildung" einen Überblick über „Öffentliche Konsultationen". Sie sind ein Beispiel für Beteiligungsinstrumente auf parlamentarischer Ebene in Österreich und der EU. Die Ausgangsthese der Autorin lautet: „Öffentliche Konsultationen" haben das Potential, Vertrauen in politische Prozesse aufzubauen – genau hier liegt auch der Einsatzpunkt für politische Bildner*innen. Neben Chancen thematisiert Breser jedoch auch Risiken und Fallstricke des Demokratie-Instruments sowie daraus folgende Aufgaben für die politische Erwachsenenbildung.

Christin Reisenhofer stellt im Beitrag „Der Demokratie-MOOC. Potentiale und Problemstellen der digitalen Politischen Erwachsenenbildung in der (COVID-19) Krisenzeit" einen Online-Kurs der Politischen Bildung vor. Zuerst diskutiert die Autorin die Frage, wie politische Bildung im Zuge der Umstellung auf digitale Kurse, Lockdowns und Social Distancing weiterbestehen kann. Anschließend geht der Beitrag auf die Rolle des Demokratie-MOOCs angesichts dieser Herausforderungen in Pandemiezeiten ein.

Am Ende der Meb-Ausgabe steht eine Rezension: **Georg Ondrak** bespricht „Post/pandemisches Leben. Eine neue Theorie der Fragilität" (2021) von **Yener Bayramoğlu** und **María do Mar Castro Varela**. Mit dem Buch versuchen die Autor*innen eine neue Perspektive auf die Covid-19-Pandemie und ihre sozialen Folgen zu entwickeln.

Ausblick aus der Redaktion

Ausgabe 47 des Magazin erwachsenenbildung.at widmet sich dem Zusammenhang von Sprache und Erwachsenenbildung. Die Veröffentlichung ist für Oktober 2022 geplant.

Die Ausgabe 48 setzt sich mit Netzwerken und dem Netzwerken in der Erwachsenenbildung auseinander und soll im Februar 2022 erscheinen. Beiträge dazu können bis 5. September 2022 eingereicht werden.

Ein weiteres Thema, dem sich das Magazin mit der Ausgabe 49 widmet, ist Nachhaltigkeit bzw. Klima und Erwachsenenbildung. Der Call for Papers zu dieser Ausgabe wird im Sommer 2022 veröffentlicht werden.

Alle aktuellen Calls sowie weitere Informationen zum Einreichen von Artikeln finden Sie unter: https://erwachsenenbildung.at/magazin/calls.php.

Sonja Luksik, M.A.

luksik@politischebildung.at
http://www.politischebildung.at
+43 (0)1 5046858-16

Sonja Luksik ist wissenschaftliche Mitarbeiterin und Trainerin bei der Österreichischen Gesellschaft für Politische Bildung (ÖGPB). Als Mitarbeiterin im ÖGPB-Geschäftsbereich „Bildungsangebote und Projektberatung" leitet sie Workshops und Trainings für Multiplikator*innen und Erwachsenenbildner*innen. Sonja Luksik studierte Politikwissenschaft an der Universität Wien und der Centré Européen Universitaire (CEU) in Nancy, Frankreich.

Dr. Stefan Vater

stefan.vater@vhs.or.at
https://www.vhs.or.at
+43 (0)1 216422-619

Stefan Vater studierte Soziologie in Linz und Berlin und Philosophie in Salzburg und Wien. Er ist wissenschaftlicher Mitarbeiter der Pädagogischen Arbeits- und Forschungsstelle des Verbands Österreichischer Volkshochschulen, Projektleiter der Knowledgebase Erwachsenenbildung sowie Lehrbeauftragter für Bildungssoziologie und Genderstudies an verschiedenen Universitäten.

Editorial

Abstract

Since 2020, the coronavirus crisis and its handling have dominated social life, human experiences and above all the discourse—in adult education as well. The measures taken in Austria to curb the pandemic quickly made visible existing power relations and social imbalances. The editors of the current issue of The Austrian Open Access Journal on Adult Education (Meb) criticize how instead of eliminating or at least curbing these problematic conditions, the measures reinforced them even more. Above all there was no room to maneuver for criticism and discussion in a dialectic sense. The articles in this issue indicate the extent and dimensions of the crisis and make suggestions about where adult political education can start to promote critical thinking, maturity and dialogue. Frequently they also uncover very personal convictions of researchers and practitioners of adult education and political education. Topics include democracy as a form of political life, social power relations, the Querdenker (pandemic skeptic) movement and practical opportunities for adult political education. (Ed.)

Demokratie als Dystopie

Wie politische Bildung dem entgegenwirken kann

Daniela Ingruber

Ingruber, Daniela (2022): Demokratie als Dystopie. Wie politische Bildung dem entgegenwirken kann. In: Magazin erwachsenenbildung.at. Das Fachmedium für Forschung, Praxis und Diskurs. Ausgabe 46, 2022. Online: https://erwachsenenbildung.at/magazin/ausgabe-46/.

Schlagworte: Demokratiekrise, Partizipation, politische Bildung, Resilienz, Nancy, Agamben, Corona, Dystopie, Öffentlichkeit, Ausnahmezustand, Einsamkeit, Homeoffice, Resilienz

Abstract

Aktuell gibt es einige demokratiepolitische Herausforderungen und Widersprüche, die ein dystopisches Bild zeichnen: Von der Demokratie wird viel gefordert, man will aber wenig dafür geben. Sie hat so zu sein, wie sie gefällt – voller Freiheiten und Rechte, aber ohne Pflichten. Funktioniert das nicht, wird sie kurzerhand als Diktatur beschimpft. Die Gesellschaft driftet auseinander. Immer mehr Menschen leiden an den sozialen, ökonomischen und psychischen Folgen der Covid-19-Pandemie. Selbst wenn die Pandemie vorübergeht, bleibt das Misstrauen gegenüber den demokratischen Institutionen sowie gegenüber manchen Mitbürger*innen bestehen – man hat sich an das Abgrenzen von ihnen gewöhnt. Politische Bildung könnte einige der durcheinandergeratenen Begrifflichkeiten zurechtrücken. Sie könnte Rechte und Pflichten der Demokratie aufzeigen und verstehen helfen, dass Demokratie letztlich zerbrechlich ist. Dazu muss sie aber weit über die Schule hinaus gedacht werden, in den Alltag der Bevölkerung hinein. Sie muss Vertrauen in die Demokratie und in ihr Funktionieren vermitteln, Gefühle und Sorgen ernst nehmen und dabei helfen, diese einzuordnen. Dazu muss sie auch unbequeme Themen anfassen und darf keine Angst davor haben, sich mit dem Alltag zu beschäftigen. Denn auch wenn sich die Demokratie in der Krise manchmal gegen eigene Prinzipien kehrt zugunsten von Sicherheit und Schutz, bietet doch unter allen Systemen nur sie die Gelegenheit, täglich zu lernen und sich eigenständig zu entwickeln, sodass sie auch noch in die Zukunft passt. (Red.)

02

Zitation

Demokratie als Dystopie

Wie politische Bildung dem entgegenwirken kann

Daniela Ingruber

Es scheint eine Ewigkeit zurückzuliegen, da war die Diskussion, ob sich die Demokratie als politisches System abgenützt habe, vor allem eine akademische. Handlungsbedarf sahen insbesondere Wissenschafter*innen sowie politische Parteien – Letztere vorwiegend als Kritik an jener Form der Demokratie, die die politischen Gegner*innen gerade vertraten. Durch solch konstante Diskussionen, die in den Medien gespiegelt wurden, bewegte sich die Kritik an der Demokratie immer mehr in eine allgemeine öffentliche Debatte.

Eine Krise wurde herbeigeredet ebenso wie herbeiagiert, indem Politiker*innen sowie ihre Berater*innen weniger auf die Bevölkerung hörten als auf wirtschaftliche oder parteipolitische Befindlichkeiten. Post-Demokratie nannte das Colin Crouch (2008) in seinem Buch, mit dem er den Zeitgeist ebenso traf wie selbst begründete.

Mit der medial beförderten Diskussion wuchs der Zweifel an der Demokratie, breitete sich aus – in den Vorstellungen setzte sich fest, dass es etwas Neues brauche, ohne festzulegen, was das sein könne oder solle. Dieser Zweifel schwächte den Glauben an die liberale Demokratie und öffnete das Tor für andere Formen ihrer selbst. Viktor Orbán etwa erkannte darin für sich die Chance, eine sogenannte illiberale Demokratie zu gestalten, ganz nach seinen Vorstellungen. Glücklich ist, wer es sich aussuchen kann, in welchem System das (Zusammen-)Leben demokratiepolitisch wertschätzender abläuft (vgl. de Weck 2021, S. 203), und nicht auf die diesbezügliche Propaganda hören muss.

Die Demokratie als Jukebox

Dann kam das Jahr 2020. Mit der Covid-19-Pandemie wurde die Debatte um den Nutzen, aber auch die Gefahr für die Demokratie eine alltägliche. Polemisch formuliert: In der Bevölkerung Österreichs gab es bald ebenso viele Demokratiekenner*innen wie Coronaexpert*innen, etwa 8 Millionen an der Zahl. Hätte man das rege Interesse an politischer Diskussion vor einigen Jahren noch positiv beurteilt und als notwendige Politisierung der Bevölkerung betrachtet, ist inzwischen nicht nur eine gewisse Demokratiemüdigkeit spürbar (siehe Perlot et al. 2021), sondern auch eine Erschöpfung ob der unentwegten und inzwischen auch nahezu unversöhnlich scheinenden Diskussion darüber (siehe Ingruber 2022). Vor allem wenn man danach fragt, was die Demokratie braucht, um für die Bevölkerung funktionieren zu können, findet man oft Ratlosigkeit. Demokratie, so der Tenor, ist für mich/uns da – nicht umgekehrt. Die demokratische Jukebox spielt, wie ihr befohlen. Genau darin liegen einige der aktuellen

"

demokratiepolitischen Probleme. Politische Bildung könnte einige der durcheinandergeratenen Begrifflichkeiten zurechtrücken, dazu muss sie weit über die Schule hinaus gedacht werden, in den Alltag der Bevölkerung hinein.

Demokratie nämlich ist das System, in dem alle nicht nur Recht haben wollen, sondern das Recht innehaben, Recht zu haben und sich ihr Recht zu nehmen. Die österreichische Verfassung zu kennen, scheint dafür nicht wesentlich zu sein. So kann Österreich als Wohlfühldemokratie bezeichnet werden, in der viel gefordert wird, man dafür aber nur wenig geben muss (siehe Ingruber 2021b). Sollte zu viel von einem gefordert werden, wünscht man sich eine andere Form der Demokratie, macht das über TikTok oder Instagram bekannt und hat obendrein noch das Gefühl, dadurch partizipiert zu haben. Sowohl Alexander Bogner (2021, S. 14) als auch Natascha Strobl (2021, S. 125) weisen diesbezüglich auf den Spruch von Pipi Langstrumpf hin, die sich ihre Welt so macht, wie sie ihr gefällt – auch und vor allem in den Sozialen Medien, notfalls mit Fake News.

Diesem Prinzip wird seit Beginn der Covid-19-Pandemie und den Maßnahmen zur Bewältigung derselben zunehmend auch die Demokratie unterworfen, indem sie so zu sein hat, wie sie gefällt; mit anderen Worten: voller Freiheiten und Rechte und ohne Pflichten. Funktioniert das nicht oder stößt dieser Wunsch an Grenzen, wird die Demokratie kurzerhand als Diktatur beschimpft, wobei man bereit ist, autoritär organisierten Gruppierungen zu folgen, weil man sich in der Demokratie ja so schlecht behandelt fühlt (siehe Nocun/Lamberty 2020). Spätestens hier sollte der Hinweis folgen, dass es guttäte, Begriffe zu recherchieren, ehe sie groß hinausgeschrien werden, wie Heidi Kastner (2022) in ihrem berühmten Buch „Dummheit" unumwunden empfiehlt.

Ein Begriff zwischen Sehnsucht und Gewohnheit

Hinter diesem Paradox steckt nicht zuletzt, dass Demokratie als ein Sehnsuchtsbegriff fungiert. Sie scheint dann am wichtigsten und wünschenswertesten, wenn sie in Gefahr ist oder gar nicht existiert. Dann zeigt sie ihre schönsten Seiten und wirkt voller

Versprechen an die Zukunft. Alles würde gut werden, besser sogar, friedlicher, partizipativer…

Die Demokratie hat im Zuge der Sehnsuchtssuche einige Wandlungen durchgemacht, vom Hoffnungsträger zur Selbstverständlichkeit, und dadurch zu etwas, das seine Bedeutung jenseits der Verfassung verloren hat und zurechtgebogen werden kann, wie man es braucht. Die einen sehnen sich nach mehr direkter Demokratie, andere nach Führung, wieder andere wollen ein ganz neues System, der Demokratie ähnlich, doch unverbraucht. In den Demonstrationen gegen die Covid-19-Maßnahmen wurde jede dieser Vorstellungen irgendwann gefordert, auch jene, Demokratie ganz abzuschaffen.

Das mag auch daran liegen, dass Demokratie schlussendlich einen Gewohnheitsbegriff darstellt. Es gibt sie einfach, man ist mit ihr aufgewachsen und weil sie so selbstverständlich ist, muss man nicht darüber nachdenken, was sie bedeutet, sondern kann sich zurücklehnen, sie genießen, sie aber auch nicht (be)achten oder gar ignorieren.

In keine Staatsform werden so viele Erwartungen gesetzt wie in die Demokratie. Was sie vielfältig macht, macht sie auch verletzlich, denn sie kann nie allen Erwartungen, allen Wünschen gerecht werden. Es wird immer auch enttäuschte Bürger*innen geben. Und: Trotz aller Biegsamkeit kann sie doch brechen. Dies zu begreifen, könnte bald existentiell werden, und nicht zuletzt hier wird politische Bildung benötigt, denn so schwer es auch sein mag, sich ein anderes Regime in Europa vorzustellen, Demokratie ist – so lehrt der erneute Angriff Russlands auf die Ukraine seit Februar 2022 – weit zerbrechlicher, als man in Erinnerung hatte, und sie kommt für viele noch immer einem Feindbild gleich.

Zerbrechen kann sie ebenso an interner Kritik. Martin Hecht schrieb kurz vor Ausbruch der Pandemie, dass die Unzufriedenheit von Bürger*innen mit der Demokratie vor allem an einer Desillusionierung der unbegrenzten Möglichkeiten liege (Hecht 2021, S. 153). Er bezieht das auf die euphorischen Versprechen des World Wide Web, die nicht gehalten haben. In der Einsamkeit des Homeoffice und der Überforderung durch Neuaufstellung des Alltags wurde dies besonders deutlich. Man war in der Sorge um Covid-19 plötzlich auf sich selbst zurückgeworfen. Weder Wirtschaft noch Staat schienen die Antworten auf die Fragen des neuen Alltags zu haben.

Dystopie, der hoffnungslose Ort

Auf den Punkt brachte es die Wiener Band „Ja, Panik", die den Zustand in ihrem 2020 veröffentlichten Album als „Apocalypse or Revolution" besang. Der Song wurde zwar vor Ausbruch der Pandemie geschrieben, fing die Befindlichkeit der Bevölkerung aber wie eine Vorsehung ein. Ein musikalischer Sci-Fi-Eindruck, der die Bilder von verlassenen Plätzen und den offenen Fragen im Rückzug ins Private vorwegnahm.

So sehr die Leere des vernachlässigten öffentlichen Raums ab März 2020 an dystopische Filme erinnerte (siehe Ingruber 2021a), liegt die eigentliche Dystopie im Auseinanderdriften der Gesellschaft. Die Gegenwart zeigt sich hoffnungslos wie in Science-Fiction-Filmen, in denen die Zukunft meist undemokratisch, einsam, gewalttätig und perspektivenlos porträtiert wird. Für einen Film sind die dadurch entstehenden Bilder mindestens ebenso interessant wie die Herausforderungen für die Held*innen. In der Realität wirkt diese Ästhetik weit weniger glanzvoll und führt selten zum Hollywood-Happy End. Dieser gefühlte Zustand wird erst jetzt, zu Ende der Pandemie, deutlich sichtbar: Immer mehr Menschen leiden an den sozialen, ökonomischen wie psychischen Folgen. Und: Selbst wenn diese Pandemie vorübergeht und nicht von einer anderen abgelöst wird, bleibt das Misstrauen gegenüber den demokratischen Institutionen sowie gegenüber manchen Mitbürger*innen, weil man sich an das Abgrenzen von ihnen gewöhnt hat (siehe Ingruber 2021b).

Dystopie ist nichts anderes als der Ort, an den man den Glauben verloren hat, der Ort, an dem man nicht sein will. Sie ist die Kehrseite der Utopie, der Ort ohne Hoffnung, ohne Vertrauen. Mit der Verunsicherung in der Zeit der Pandemie verliert sich auch der Glaube an die Zukunft. Das Gefühl von ununterbrochenem Verlust steht im Raum: der Verlust von mehr als zwei Jahren freien Lebens, der Verlust des Jobs und der Kontrolle. Dieses Gefühl hinterlässt langfristig Narben (vgl. Amlinger/Nachtwey 2021, S. 15; Nocun/Lamberty 2020, S. 265). Da auch

Freundschaften zu den Verlusten der Pandemie gehören und manchen die Geduld verlorenging (vgl. Maurer 2017, S. 57), haben viele verlernt, sich miteinander und untereinander auseinanderzusetzen. Das digitale Zeitalter bietet den perfekten Ausweg: Es ist einfach, sich jederzeit digital mit Menschen zu umgeben, sobald es allerdings unbequem zu werden droht, klickt man diese weg. So umgeht man jeden Konflikt, jede Diskussion, jeden Widerspruch – und gewöhnt sich daran. Das Bild der betreffenden Person ist mit einem Klick ebenso schnell weg wie die Erinnerung an den Moment. Fern-Nähe nennt das Alexander Kluge recht treffend (vgl. Schirach/Kluge 2020, S. 39).

Giorgio Agamben (2021, S. 27) bezeichnete es als den Ausnahmezustand, der zum Normalzustand geworden ist. Die Omnipräsenz der sogenannten Coronakrise war mehr als zwei Jahre lang übermächtig. Der Krisenbegriff ist inzwischen so vertraut, dass man ihn nicht mehr in Frage stellt. Jean-Luc Nancy antwortet auf Agamben so: *„Das Virus bringt die Widersprüche in unserem modernen Leben zum Vorschein"* (Nancy 2022, 12; Übers. D.I.). Um mit diesen zurechtzukommen, fordert Nancy die Beschäftigung mit wesentlichen Begriffen, darunter jenem der Freiheit, weil er je nach (politischen) Interessen umgedeutet und sinnentleert, neu definiert wird (vgl. ebd., S. 38), ausgerichtet auf das Ich statt auf ein Wir. Nancy formuliert als Gegenentwurf dazu: *„Diese Freiheit muss mit den Freiheiten anderer koexistieren, und muss sich mit den gemeinsamen Interessen und Ideen von Solidarität arrangieren"* (ebd., S. 47; Übers. D.I.).

Freiheit stellt vor allem einen Mythos dar, der ebenso häufig missverstanden wird wie Demokratie. Denn auch für die Freiheit braucht es die Gemeinschaft. Der Mensch, der sich allein auf einer Insel befindet, ist nicht frei, sondern einsam. Frei ist ein Mensch immer nur in Zusammenhang mit anderen. Freiheit kann man nur teilen, um sie zu erhalten.

Es wird in Zukunft mehr denn je die Aufgabe der politischen Bildung sein, die Bedeutung von Begriffen verständlich zu machen und sie so in den Alltag zu integrieren. Damit wird politische Bildung deutlich greifbarer. Wer das umsetzen soll, liegt auf der Hand. Politische Bildung geht immer mehr aus den Institutionen raus und braucht die Involvierung aller. Medien leisten ihren Beitrag, doch wird Aufklärung immer mehr zur Aufgabe der Zivilgesellschaft werden. Hannah Arendt erklärte warum. Sie argumentierte, dass jeder Mensch, *„indem er handelt, in ein Gewebe von sozialen Prozessen eingebunden"* (Arendt 2018, S. 63) ist und letztlich *„manchmal in ihm gefangen"* (ebd.). Das entspricht genau dem Gegenteil dessen, was in der dystopischen Abgeschiedenheit der letzten Jahre erlebt wurde. Freiheit war das Konzentrieren auf das Individuum nicht, konnte es auch gar nicht sein, wie Nancy argumentiert, weil Freiheit nie zuvor so verstanden worden war, dass es nur um einen selbst ginge (vgl. Nancy 2022, S. 38). Arendt zieht diesbezüglich die Karte der gesellschaftlichen Verantwortung (vgl. Arendt 2018, S. 32). Partizipation und politische Bildung kommen einander hier sehr nahe.

Streitende Weltbilder

Die Demokratie sollte, so wird gefordert, in der Krise die Quadratur des Kreises schaffen. In ihrem Namen und im Namen der ihr zugeschriebenen (Menschen-)Rechte, der Verfassung und der bürgerlichen Freiheiten. Bei Nichtgefallen wird gedroht, sich ihrer zu entledigen, so wie die Wegwerfgesellschaft alles ganz einfach loswerden kann. Der Markt, irgendein Markt, wird schon etwas Passendes zur Nachfolge senden. Auch das ist Teil der aktuellen Dystopie, dass man eher bereit ist, auf die Vorteile der Demokratie zu verzichten, als den aktuellen Zustand zu ertragen. Dann ist jede Nachricht glaubwürdig, solange sie die eigene Emotion spiegelt (siehe Nocun/Lamberty 2020).

Man hat genug von Politiker*innen, will eine Expert*innenregierung, aber letztlich keine Expert*innen, die das Gegenteil von dem sagen, was man selbst ersehnt. Die eigene Meinung wird dementsprechend höher gehalten als die Meinung anderer und durch die eigenen Gefühle verstärkt. Wie in zahllosen Artikeln erklärt, beweist der Umstand, dass man demonstrieren und den Staat, seine Politiker*innen sowie die anderen Bürger*innen nahezu straflos beschimpfen kann, dass man eben nicht in einer Diktatur lebt (siehe u.a. Kastner 2022). Dieses Wissen jedoch wird ebenso ignoriert wie vieles andere rund um das demokratische Miteinander. Bogner (2021, S. 31) spricht in einem solchen Zusammenhang auch von einem *„Streit zwischen Weltbildern"*. Man kann einen Schritt weiter gehen und anerkennen, dass es in den letzten zwei Jahren zu einer Demokratisierung verschiedener Weltbilder gekommen ist, die nicht mehr dasselbe wollen, einander teilweise ausschließen, sich sogar intern selbst ausschließen oder widersprechen. Die Dystopie, das Nicht-dasein-Wollen, ist somit wenig anderes als die Wortlosigkeit, als der selbstverständliche Austausch von Wissen gegen Glauben und Emotion. Die *„heilsame Kraft des Wissens"* (ebd., S. 16) prallt zunehmend an Gleichgültigkeit und selbstgewählter Ignoranz ab. Warum auch etwas glauben wollen, das unbequem ist?

All dem kam in den letzten Jahren ausgerechnet der Ruf nach Resilienz entgegen. Der Wunsch, sich in der aktuellen Situation zurechtzufinden, damit umgehen zu können und statt politischer Partizipation eher den Rückzug zu wagen, der Wunsch, sich um sich selbst zu kümmern und die Krise zu überstehen, trieb die Freude an der Ignoranz zuweilen nur noch an. Überteuerte Kurse, Selbsthilfebücher, aber auch kosmetische Produkte, die allesamt Resilienz versprachen, befeuerten den Ich-Faktor (siehe Ingruber 2022) und bestätigten auch den Wunsch nach Nichtwissen-Wollen, da es ja zu reichen schien, sich mit sich selbst zu beschäftigen und nur jenes Wissen an sich heranzulassen, das einem guttat.

Die Problematik liegt auf der Hand: *„Resilienz verspricht ein besseres Durchkommen durch die Krise – nicht eine Veränderung der Verhältnisse"* (Stefanie Graefe zit. in Hausbichler 2021, o.S.). Für die ohnehin schon stattfindende Krise der Demokratie bedeutet die Suche nach Resilienz einen Backlash. Demokratie wird als das „Fundament" der Zivilisation gehandelt und zugleich als störungsanfällig bezeichnet (vgl. de Weck 2021, S. 203). Diese Störungsanfälligkeit liegt – das zeigt die Pandemie recht deutlich – an missverstandener Suche nach Resilienz und ebenso missverstandener Wissensbildung, am Unverständnis gegenüber Rechten und Pflichten und der Unkenntnis derselben. Politische Bildung kann das ändern, allerdings muss sie weg von der reinen Lehre der Institutionen. Denn wie auch immer sich die Gesellschaft nach der Pandemie entwickeln wird, es wird mehr und neue Formen der Partizipation brauchen, um den dystopischen Elementen in der Demokratie entgegenzuarbeiten. Das muss sich in der politischen Bildung widerspiegeln, die sich auch auf die Wissensverweigerung einstellt. Dann ist der aufklärende Vortrag zwar wichtig, kann aber nicht alleine stehen, weil man zunächst Vertrauen in die Demokratie und ihr Funktionieren zu vermitteln hat.

Wissensbildung und Emotion

Während nämlich die Demokratie verschiedene Meinungen zulässt, beruft sich die politische Bildung klar auf Fakten. Das schließt nicht aus, Gefühle und Sorgen ernstzunehmen. Ganz im Gegenteil, politische Bildung kann im Zuge der Wissensvermittlung dabei helfen, diese einzuordnen, denn erst wenn man selbst versteht, warum man so denkt und gar nicht anders denken will, findet man seinen geeigneten Platz in der Gesellschaft.

Für die politische Bildung wird deutlich: Im Zuge der Pandemie hat sich die Aufmerksamkeit für demokratische Prozesse gewandelt, doch es wurde auch sichtbarer als je zuvor, dass Teilen der Bevölkerung nicht nur das Vertrauen in die Demokratie und ihre Institutionen fehlt, sondern ebenso das demokratiepolitische Werkzeug, um Prozesse einordnen zu können – oder diese überhaupt einordnen zu wollen. Das macht diese Menschen leichter manipulierbar.

Dieses Thema dürfte eine der großen Herausforderungen, demokratiepolitisch und gesellschaftlich werden. Denn stellte die Covid-19-Pandemie eine interne Bedrohung für die Demokratie dar, indem sich die Bevölkerung gegen die Maßnahmen zu wehren begann und an der Legitimität der eigenen Regierung zu zweifeln beginnen wollte, wurde mit dem Angriff Russlands auf die Ukraine sehr schnell klar, dass nun die Demokratie von außen bedroht wird, wobei „von außen" nicht außerhalb Österreichs bedeutet, sondern außerhalb der Demokratie

an sich. Welchen Effekt dies auf die Spaltung der Gesellschaft haben wird, bleibt bei Verfassen dieses Beitrags offen. Feststeht schon jetzt, dass Fake News, Propaganda und psychische ebenso wie physische Gewalt nicht verschwinden werden, gerade weil diese für *„Akteure, die Gesellschaften destabilisieren wollen"* (Jaster/Lanius 2019, S. 93), reizvoll sind und *„das ideale Werkzeug bieten"* (ebd.). Dann kann man nur noch mit Martin Hecht (2021) hoffen, dass das „Gen des Zusammenhalts" und das „Gen der Freiheit" tatsächlich existieren.

In der Krise ist die Demokratie nicht immer hübsch anzusehen und kehrt sich manchmal gegen die eigenen Prinzipien, um ein anderes Prinzip wie Sicherheit oder Schutz zu betonen, und doch bietet unter allen Systemen nur sie die Gelegenheit, sich eigenständig zu entwickeln, sodass sie auch noch in die Zukunft passt (vgl. de Weck 2021, S. 221), nicht nur in die Gegenwart. Niemand hat Antwort auf die Frage, was denn kommen sollte, wenn die Demokratie als das vielzitierte beste unter den schlechten Systemen ausgetauscht würde. Kritik ist leicht, das Schaffen eines fehlerfreien Ersatzes für Demokratie bis heute erfolglos.
Demokratie kann vor allem eines: Sie gibt die Gelegenheit zu lernen. Wie man Demokratie jeden Tag aufs Neue verteidigen muss, offen sein muss für Veränderung, ohne das System an sich zu ändern, so hat man auf diese Weise auch die Gelegenheit, täglich zu lernen. *„Wo die Saat der Demokratie einmal aufgegangen ist, verwandelt sie die mentale Landschaft. Demokratie schafft eine psychologische, das heißt eine harte Tatsache: Diktatur ist fortan nie mehr ‚normal', der Autoritarismus nie mehr ganz legitim"* (ebd., S. 202).

Das kann aber nur gelingen, wenn Demokratie von einer politischen Bildung begleitet wird, die unbequeme Themen anfasst und keine Angst davor hat, sich mit dem Alltag zu beschäftigen.

Literatur

Agamben, Giorgio (2021): An welchem Punkt stehen wir? Die Epidemie als Politik. Wien/Berlin: Turia + Kant.

Amlinger, Carolin/Nachtwey, Oliver (2021): Sozialer Wandel, Sozialcharakter und Verschwörungsdenken in der Spätmoderne. In: Aus Politik und Zeitgeschichte 35-36, S. 13-19. Online: https://www.bpb.de/shop/zeitschriften/apuz/verschwoerungstheorien-2021/339278/sozialer-wandel-sozialcharakter-und-verschwoerungsdenken-in-der-spaetmoderne/ [Stand: 2022-05-19].

Arendt, Hannah (2018): Was heißt persönliche Verantwortung in einer Diktatur? München: Piper.

Bogner, Alexander (2021): Die Epistemisierung des Politischen. Wie die Macht des Wissens die Demokratie gefährdet. 2. Aufl. Ditzingen: Philipp Reclam.

Crouch, Colin (2008): Postdemokratie. Berlin: Suhrkamp.

de Weck, Roger (2021): Die Kraft der Demokratie. Eine Antwort auf die autoritären Reaktionäre. Berlin: Suhrkamp.

Hecht, Martin (2021): Die Einsamkeit des modernen Menschen. Wie das radikale Ich unsere Demokratie bedroht. Bonn: Dietz.

Hausbichler, Beate (2021): Soziologin Graefe: „Resilienz ist ein Alternativangebot zur Kritik“. Interview. In: Der Standard, 6. Januar 2021. Online: https://www.derstandard.at/story/2000122671694/soziologin-graefe-resilienz-ist-ein-alternativangebot-zur-kritik [Stand: 2022-05-19].

Ingruber, Daniela (2021a): Demokratie als Dystopie. In: extra (Wochenend-Beilage der Wiener Zeitung), 13./14. Dezember 2021, S. 31-32.

Ingruber, Daniela (2021b): Herdenresilienz statt Rückzug und Eskalation. In: Die Furche 39, 30. September 2021, S. 8.

Ingruber, Daniela (2022): Soziale Kohäsion in und nach der Pandemie. Es braucht mehr als den Aufruf, resilient zu werden. In: Dialer, Doris/Hainzl, Christina/Kuske, Hannah: Gesundheitspolitik und Gesellschaft in der COVID-19-Krise, S. 303-315.

Jaster, Romy/Lanius, David (2019): Die Wahrheit schafft sich ab. Wie Fake News Politik machen. 6. Aufl. Ditzingen: Reclam.

Kastner, Heidi (2022): Dummheit. 9. Aufl. Wien: Kremayr & Scheriau.

Maurer, Thomas (2017): Die Pluralität der Radikalisierung – Eine systematische Analyse der Theorieansätze zur Radikalisierungsforschung. In: Journal for Deradicalization 13 (2017/18), S. 49-100. Online: https://journals.sfu.ca/jd/index.php/jd/article/view/124/102 [Stand: 2022-05-19].

Nancy, Jean-Luc (2022): An All-Too-Human Virus. Cambridge: polity press.

Nocun, Katharina/Lamberty, Pia (2020): Fake Facts. Wie Verschwörungstheorien unser Denken bestimmen. Köln: Bastei Lübbe AG/Quadriga.

Perlot, Flooh/Grimm, Marc/Hainzl, Christina/Ingruber, Daniela/Juen, Isabella/Nutz, Viktoria/Oberluggauer, Patricia (2021): Demokratieradar, Welle 7 – Autoritarismus und Corona. Datensatz. Version 1.0. Krems/Graz. Online: https://www.austriandemocracylab.at/demokratieradar/ [Stand: 2022-05-19].

Schirach, Ferdinand von/Kluge, Alexander (2020): Trotzdem. München: Luchterhand.

Strobl, Natascha (2021): Radikaler Konservatismus. Eine Analyse. 4. Aufl. Berlin: Suhrkamp.

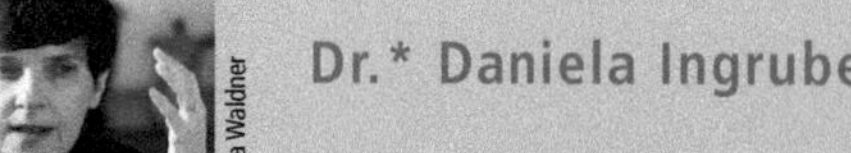
Dr.* Daniela Ingruber

Foto: Ramona Waldner

http://www.donau-uni.ac.at/desit
+43 (0)664 2243823

Daniela Ingruber arbeitet als Demokratie- und Kriegsforscherin an der Universität für Weiterbildung Krems (Donau-Universität) am Research Lab for Democracy and Society in Transition. Zudem bereitet sie NGO-Mitarbeiter*innen auf die Arbeit in Konfliktregionen vor und arbeitet als Autorin und Moderatorin für Filmfestivals. 2012-2016 war sie an der UN-mandated University for Peace in Costa Rica tätig, vorher Chefredakteurin und parlamentarische Mitarbeiterin. Forschungsschwerpunkte sind Konflikttransformation, Demokratieverständnis, Oral History, Politische Bildung sowie ethischer Journalismus. Nähere Informationen zu Daniela Ingruber sowie News, ein Blog und eine Text-Sammlung der Autorin finden sich auf ihrer Website www.nomadin.at.

Democracy as Dystopia

How political education can counteract it

Abstract

There are currently several democratic challenges and contradictions that paint a dystopian picture: Much is demanded of democracy, yet people don't want to give much for it. It has to be how people like it to be—full of freedoms and rights without any responsibilities. If this doesn't work, it is called a dictatorship without further ado. Society is drifting apart. More and more people are suffering from the social, economic and psychological consequences of the COVID-19 pandemic. Even when the pandemic passes, mistrust of democratic institutions and of some of our fellow citizens will remain—we have become accustomed to isolating ourselves from them. Political education could straighten out some of the terminology that has become confused. It could demonstrate rights and responsibilities of democracy and help people understand that democracy is ultimately fragile. Yet it must not be limited to school but enter into the everyday life of the population. It must communicate trust in democracy and its functioning, take feelings and concerns seriously and help to come to terms with them. It must also tackle uncomfortable topics and may not be afraid of dealing with everyday life. For even if democracy in crisis sometimes turns against its own principles for the benefit of safety and protection, of all systems it is the only one to offer the opportunity to learn every day and develop independently so that it still has a place in the future. (Ed.)

Sorg(e)loser Staat, souveränes Subjekt?

Ein Interview mit Gundula Ludwig über unerwartete Normalität und das Ausblenden von Verletzbarkeit in der Pandemie

Sonja Luksik

Luksik, Sonja (2022): Sorg(e)loser Staat, souveränes Subjekt? Ein Interview mit Gundula Ludwig über unerwartete Normalität und das Ausblenden von Verletzbarkeit in der Pandemie. In: Magazin erwachsenenbildung.at. Das Fachmedium für Forschung, Praxis und Diskurs. Ausgabe 46, 2022. Online: https://erwachsenenbildung.at/magazin/ausgabe-46/.

Schlagworte: Bio-Macht, Biopolitik, Foucault, Geschlechterkonstruktion, Geschlechterrolle, Krise, Souveränitätsphantasma, Staat, Verletzbarkeit, soziale Ungleichheit, Neoliberalismus

Abstract

Gundula Ludwig, Professorin für Sozialwissenschaftliche Theorien der Geschlechterverhältnisse an der Universität Innsbruck und Leiterin der Forschungsplattform Center Interdisziplinäre Geschlechterforschung Innsbruck spricht im Interview mit Sonja Luksik über die Funktionsweisen von Bio-Macht und geschlechtlicher Arbeitsteilung in Krisenzeiten. Der Begriff Bio-Macht (nach Michel Foucault) verdeutlicht die subtilen Machtmechanismen des Staates, welche auf eine Optimierung des Lebens der Bevölkerung abzielen. In Pandemien spiele Bio-Macht eine ganz zentrale Rolle, so Ludwig. In den letzten zwei Jahren fiel ihr zudem ein „Souveränitätsphantasma" in der staatlichen Krisenbearbeitung auf. Der Staat konstruiere demnach stets souveräne Staatsbürger*innen und biete in Ausnahmesituationen vermeintliche Sicherheit an – und blende dabei Körper, Bedürfnisse, Emotionen und soziale Beziehungen aus. Gundula Ludwig stellt dem gegenüber ein Politikverständnis und eine gesellschaftliche Transformation, die Sorge und Verletzbarkeit zum Ausgangspunkt nehmen.

03

Sorg(e)loser Staat, souveränes Subjekt?

Ein Interview mit Gundula Ludwig über unerwartete Normalität und das Ausblenden von Verletzbarkeit in der Pandemie

Sonja Luksik

Wurde zu Beginn der Pandemie noch über strukturelle Probleme in unserer Gesellschaft gesprochen, war bereits kurz danach ein Festhalten an der Normalität beobachtbar, zeigt sich Gundula Ludwig erstaunt.

Sonja Luksik: Gundula, du hast dich bereits ab dem Frühling 2020 aus einer sozialwissenschaftlichen Perspektive den politischen und gesellschaftlichen Dimensionen der Covid-Pandemie angenähert. Was hat dich in den letzten zwei Jahren am meisten überrascht?
Gundula Ludwig: Am meisten hat mich das Festhalten an der Normalität überrascht. In den ersten Wochen und Monaten der Pandemie gab es einen Schockeffekt. Das lag auch daran, dass eine Verletzbarkeit in den globalen Norden eingedrungen ist, die davor für viele gut verdrängbar war. In der Anfangszeit der Pandemie wurde viel über strukturelle Probleme gesprochen. Fragen wie „Ist ein neoliberaler Kapitalismus überhaupt tragfähig?", „Wie geht die Gesellschaft mit Sorge um?" oder „Warum steigen die Fälle häuslicher Gewalt im Lockdown?" kamen in der öffentlichen Debatte auf. Auch die Klimafrage wurde sehr schnell mit der Pandemie verbunden.

Aus einer emanzipatorischen Perspektive war es also zuerst einmal erstaunlich, dass plötzlich

Themen diskutiert wurden, die kritische oder feministische Sozialwissenschafter*innen schon ganz lange beschäftigen. Diese Diskussion hielt jedoch nicht lange an. Kurz vor dem Sommer 2020 kam das Versprechen: „Wir können alle einen normalen Sommer haben!" Das war ein wichtiger Kippmoment. Seitdem wundert es mich sehr, dass vieles zwar weiterhin auf dem Kopf steht und Zusatzbelastungen andauern, gleichzeitig jedoch alles weitgehend „normal" weiterläuft und weiterlaufen soll.

Das passiert erstens vor dem Hintergrund, dass es im Leben der Einzelnen massive Einschnitte gab — wie beispielsweise Einkommensverluste, Mehrfachbelastung für Alleinerzieher*innen, Home-Schooling, Angstzustände bei Jugendlichen etc. Und zweitens sehen wir jetzt einmal mehr, dass unsere Gesellschaft keine nachhaltige ist und zahlreiche strukturelle Probleme mit sich bringt. Trotzdem lautet das dominante Credo: „Weiter so!" Das ist gerade im Kontext einer multiplen Krise wirklich bemerkenswert. So wie es derzeit aussieht, gehen wir aus dieser Pandemie mit einer Verschärfung sozialer

Ungleichheiten und Marginalisierungen sowie einer Vertiefung des Neoliberalismus heraus.

Im Gespräch: Gundula Ludwig, Foto: Michelle Schmollgruber

Nach einem Studium der Erziehungswissenschaften/Kritische Geschlechter- und Sozialforschung an der Universität Innsbruck, Universität Wien, Humboldt-Universität zu Berlin und der University of New Orleans promovierte Gundula Ludwig 2010 am Institut für Politikwissenschaft der Universität Wien im Bereich queer-feministischer Staatstheorie. 2021 habilitierte sie sich mit einer Arbeit an der Schnittstelle von Politischer Theorie, Medizingeschichte und Gender Studies an der Universität Bremen.

Gundula Ludwig war u.a. Fulbright Visiting Professor am Department of Gender, Women and Sexuality Studies der University of Minnesota, Vertretungsprofessorin im Bereich „Diversity Politics" am Institut für Sozialwissenschaften der Humboldt-Universität zu Berlin und Gastprofessorin am Otto-Suhr-Institut der Freien Universität Berlin. Seit 1.9.2021 ist sie Professorin für Sozialwissenschaftliche Theorien der Geschlechterverhältnisse an der Universität Innsbruck und Leiterin der Forschungsplattform Center Interdisziplinäre Geschlechterforschung Innsbruck.

Ludwigs Forschungsschwerpunkte umfassen u.a. Staats-, Demokratie-, Macht- und Gesellschaftstheorien aus queer-feministischer Perspektive, Körper- und Biopolitiken, Politische Ökonomie, Geschlecht und Heteronormativität sowie Körper- und Medizingeschichte.

Der Philosoph Michel Foucault hat gezeigt, dass Körper eine ganz wichtige Rolle bei der staatlichen Machtausübung spielen – auch und gerade in der Demokratie. In der Pandemie hat sich diese „Bio-Macht" sehr deutlich gezeigt. Wie funktioniert sie?

Foucault hat uns gezeigt, dass Macht sehr subtil und nicht nur über Gesetze, Verbote und Repression operiert. Macht drückt sich auch über (Selbst-)Führung, also subtile Formen des Regierens, aus. Subjekt und Macht sind nicht zwei getrennte Pole, sondern Macht schreibt sich in unsere Körper und Psyche ein.

Mit Foucaults Begriff der Bio-Macht lässt sich auch der Staat besser verstehen. Der Staat ist demnach ein weiter Staat und wirkt auch über subtile Machtmechanismen auf Menschen. Beispielsweise werden wir bei Schönheit oder Sexualität ja nicht direkt gezwungen, nach vorherrschenden Normalitätsvorstellungen zu leben – trotzdem machen es viele von uns, ohne dass es uns auffällt. Für die Bio-Macht ist der Körper eine ganz zentrale Schnittstelle und ein Terrain, in dem sich staatliche Macht materialisiert.

Foucault hat außerdem deutlich gemacht, dass Bio-Macht das Leben der Bevölkerung optimieren soll. Das bedeutet aber nicht, dass das Leben aller optimiert werden soll. Rassismus ist hier eine wichtige politische Technik, um eine Grenze zu ziehen zwischen denen, die geschützt werden sollen, und denen, die dem Tod preisgegeben werden. In der Pandemie haben wir deutlich gesehen, dass der biopolitische Staat nicht alle Menschen gleichermaßen schützt. Nationalstaaten haben vor allem ein Interesse daran, „ihre" Bevölkerungen zu schützen. Die, die nicht dazu zählen, wie zum Beispiel Menschen an den EU-Außengrenzen, bleiben schutzlos. Auch der Schutz von Obdachlosen, Sexarbeiter*innen oder prekär-Abgesicherten steht nicht im Zentrum des biopolitischen Staates.

*Hat Foucault diese rassistischen und vergeschlechtlichten Funktionsweisen der Bio-Macht selbst thematisiert oder kamen solche Überlegungen von anderen Theoretiker*innen?*

Foucault hat sich nicht systematisch mit Geschlechterverhältnissen oder Kolonialismus auseinandergesetzt, er verweist nur ab und zu darauf. Es ist wichtig zu betonen, dass die Einbeziehung dieser Funktionsweisen das Verdienst von queer-feministischen und postkolonialen Wissenschafter*innen ist. Geburtenregulierung, Gesundheit und Hygiene galten und gelten als primär weibliche Bereiche und Zuständigkeiten – damit hat sich Foucault gar nicht beschäftigt, das war eben eine Ergänzung von Queer-Feminist*innen.

Foucault beschäftigt sich zudem mit einem ganz spezifischen Rassismus, dem biologischen Staatsrassismus ab dem 19. Jahrhundert. Er blendet dabei aus, dass die Genealogie des Rassismus und die Struktur des Nationalstaates in einem kolonialen Gefüge entstanden sind. Bestimmte biopolitische Maßnahmen wurden erstmals in den Kolonien ausprobiert (z.B. Bevölkerungsregulierung durch die Regulierung sexueller/ehelicher Beziehungen zwischen Kolonialisten und Kolonisierten). Dass die Kolonien ein Laboratorium für Biopolitik waren, hat Foucault nicht systematisch erfasst. Das haben postkoloniale Theoretiker*innen aufgezeigt.

In der Pandemie greift der kapitalistische, biopolitische Staat stärker als sonst auf traditionelle Geschlechterrollen und eine damit verbundene Arbeitsteilung zurück. Warum ist für den Staat das Geschlechterverhältnis so zentral, gerade in Zeiten wie diesen?
Geschlecht erweist sich als passende Konstruktion, um bestimmte Aufgaben wie Gesundheit oder Reproduktion zu delegieren und somit auch Arbeit zu verteilen. Das haben wir sehr stark in der Pandemie beobachten können: Jeder Staat basiert auf ungleicher, vergeschlechtlichter Arbeitsteilung – das ist sozusagen sein „Back-up". Ganz viel gesellschaftlich notwendige Sorge- und Reproduktionsarbeit kann über Geschlechterverhältnisse ausgelagert werden.

Geschlechterkonstruktionen, die suggerieren, dass Frauen „natürlicherweise" besser geeignet seien für Sorgearbeit, sind Voraussetzung dafür, dass der Staat Sorgearbeit auslagern kann. Und Geschlechterkonstruktionen sind die Bedingung dafür, dass wir gesellschaftlich so tun können, als ob das alles keine Arbeit wäre, sondern eine „Liebestätigkeit" von Müttern, Ehefrauen etc. Einerseits hat sich die Brüchigkeit dieser Arrangements in der Pandemie deutlich gezeigt. Andererseits hat der biopolitisch-kapitalistische Staat diese Arrangements zusätzlich verdichtet. Denn die Gleichzeitigkeit von Home-Office, Home-Schooling und Home-Betreuung heißt: Die Betreuung von Kindern ist keine Arbeit und man kann sie irgendwie nebenbei erledigen.

Wichtig ist auch noch zu betonen, dass sich vergeschlechtlichte Logiken in den Staat eingeschrieben haben. Der Staat agiert so, als ob Staatsbürger*innen körperlose, bedürfnislose und stets gesunde Subjekte sind. Fragen von Verletzbarkeit und Bedürfnissen werden ins Private verschoben und auch privat organisiert und gelten immer noch als „weibliche Zuständigkeit". Auf diese vergeschlechtlichte Arbeitsteilung baut der moderne, westliche Staat auf.

Bezugnehmend auf die staatliche Krisenbearbeitung der Pandemie beobachtest du ein „Souveränitätsphantasma". Was genau meinst du damit?
Das Souveränitätsphantasma lässt sich auf zwei Ebenen gut erklären. Erstens geht der Staat davon aus, dass die Staatsbürger*innen stets souveräne Subjekte sind. Also dass es sich um Menschen handelt, die nie verletzbar sind oder nie Bedarf an Pflege und Sorge haben. Die Konstruktion des modernen Staatsbürgers ist andro- und eurozentrisch, weil sie ausblendet, was das Leben – wie Judith Butler geschrieben hat – ausmacht: Verletzbarkeit. Wir sind immer verletzbar, aber der Staat leugnet das in der Konstruktion des Staatsbürgers. Wir organisieren unsere Politik und Gesellschaft nicht entlang der Frage „Wie kann für alle gut gesorgt werden?", sondern blenden diese ununterbrochen aus. Stattdessen erscheint der Staatsbürger als souveränes Individuum ohne Körper, Bedürfnisse, Emotionen oder soziale Beziehungen. Auf der ersten Ebene sehen wir das Souveränitätsphantasma also in der Konstruktion des Staatsbürgers.

Zweitens wird auch die Politik in der Ausnahmesituation der Corona-Krise vom Souveränitätsphantasma getragen. Die Pandemie hat uns deutlich gezeigt, dass das Leben nie vorhersehbar ist. Es kann in der nächsten Stunde ein Erdbeben passieren oder jemand erkrankt. Leben bedeutet, einer Nicht-Vorhersehbarkeit ausgesetzt zu sein. Die Rhetorik staatlicher Politik in der Pandemie bot jedoch immer eine vermeintliche Sicherheit an. Politik wurde nicht zu einem Raum, in dem man über Verunsicherungen, Sorgen und Ängste sprechen konnte. Das hängt sehr eng mit einem Normalitätsfetisch zusammen. Es entstand der Eindruck, dass man in einer langanhaltenden Ausnahmesituation souverän sein könne und sollte.

Dieses souveräne Versprechen ist auch in sich ver-geschlechtlicht, weil es sehr eng mit einer Figur des Politikers als Retter verknüpft ist. Die Rhetorik, dass es gelte, das Virus zu besiegen, bezieht sich auf eine souveräne Vorstellung davon, wie man mit einer Ausnahmesituation umgeht. Man hätte ja auch die nicht-notwendige Produktion herunter-fahren, die Matura-Jahrgänge verschieben und die ECTS-Anforderungen an den Universitäten senken können. Und sich eingestehen: Wir sind nie sou-verän. Gerade eine Ausnahmesituation wie eine Pandemie bietet doch eine gute Gelegenheit, das Souveränitätsphantasma aufzugeben und stattdes-sen zu fragen: „Was braucht es global, damit alle gut durch diese Krise durchkommen?" Solche Fragen wurden jedoch durch das Souveränitätsphantasma verschluckt.

Das staatliche Versprechen der Kontrolle und Sicherheit in der Pandemie kann ja auch nur zu Frustration in der Bevölkerung führen, da es nie erfüllt werden kann. Gleichzeitig frage ich mich, wie eine Loslösung vom Souveränitätsphantasma gelingen könnte. Denn der Staat wird nicht von alleine bemerken oder ein Interesse daran haben, festzustellen: „Aja, anders wäre es wohl wirklich besser." Hier geht es also um gesellschaftliche Kämpfe und Auseinandersetzungen.
Genau, es bräuchte ein ganz anderes Verständ-nis von Politik, das eben Sorge und Verletzbar-keit als Ausgangspunkt nimmt, und nicht ein Souveränitätsphantasma.

Kommen wir zur abschließenden Frage: Wie kom-men wir aus dieser Gesundheitskrise, die sich zu einer Gesellschaftskrise entwickelt hat, wieder raus? Einfache oder schnelle Rezepte gibt es dafür wohl nicht, aber vielleicht hast du abschließend ein paar Gedankenanstöße für uns?

Wenn wir davon ausgehen, dass sich die Gesund-heitskrise zu einer sozialen und globalen Krise aus-geweitet hat, dann können die Antworten für einen Ausweg eigentlich nur strukturelle Veränderungen sein. Es bräuchte eine Transformation des verge-schlechtlichten, postkolonialen Kapitalismus. Das jetzige System bietet strukturell keinen Raum für ein nachhaltiges Leben und für einen nicht-herrschafts-förmigen Umgang mit Sorge. Das zeigt sich auch in anderen Krisen wie der Klimakrise. Man muss nur aus dem Fenster schauen, um zu begreifen, was in der multiplen Krise unserer Gegenwart alles falsch läuft. Die Transformation dieses zerstörerischen Ge-sellschaftssystems muss zudem mit der Veränderung des Politikverständnisses einhergehen. Anstatt der Aufrechterhaltung von Herrschaftsverhältnissen zu dienen, gilt es, Formen der Politik zu entwickeln, die vom Leben, von der Sorge und der Verletzbar-keit ausgehen. Dabei wird unweigerlich die Frage aufkommen: Was ist eigentlich gesellschaftlich wichtige Arbeit und wie können wir sie jenseits von Herrschaftsverhältnissen organisieren?

Der Ausweg aus der Krise müsste also in der Ver-änderung von destruktiven gesellschaftlichen Strukturen und der Überwindung des hegemo-nialen Politikverständnisses liegen, das auf dem Souveränitätsphantasma basiert. Auf diese Weise würden wir auch die Vorstellung des Menschen als abgeschlossene, souveräne Monade, die völlig be-ziehungs-, bedürfnis- und körperlos durch die Welt geht, überwinden. Diese Grundlagen von Politik würden ersetzt werden durch ein Politikverständnis, das sich um folgende Frage dreht: Wie können wir vom Leben, den Bedürfnissen und der Relationalität der Menschen ausgehen und Gesellschaft so organi-sieren, dass sie nicht auf Herrschaftsverhältnissen (wie Geschlechterverhältnissen oder kolonialen Verhältnissen) basiert?

Sonja Luksik, M.A.

luksik@politischebildung.at
http://www.politischebildung.at
+43 (0)1 5046858-16

Sonja Luksik ist wissenschaftliche Mitarbeiterin und Trainerin bei der Österreichischen Gesellschaft für Politische Bildung (ÖGPB). Als Mitarbeiterin im ÖGPB-Geschäftsbereich „Bildungsangebote und Projektberatung" leitet sie Workshops und Trainings für Multiplikator*innen und Erwachsenenbildner*innen. Sonja Luksik studierte Politikwissenschaft an der Universität Wien und der Centré Européen Universitaire (CEU) in Nancy, Frankreich.

Careless State, Sovereign Subject?

An interview with Gundula Ludwig on unexpected normality and the ignoring of vulnerability in the pandemic

Abstract

The professor of social theory of gender relations (Sozialwissenschaftliche Theorien der Geschlechterverhältnisse) at the University of Innsbruck and head of the research platform Center for Interdisciplinary Gender Studies Innsbruck is interviewed by Sonja Luksik about how biopower and gendered division of labor function in times of crisis. The term biopower (after Michel Foucault) explains the subtle power mechanisms of the state that aim to optimize the life of its population. According to Ludwig, biopower plays a very central role in pandemics. In the past two years, she has also noticed a „specter of sovereignty" in state crisis management. She finds the state always constructs sovereign citizens and offers supposed safety in exceptional situations – ignoring bodies, needs, emotions and social relationships. Gundula Ludwig contrasts this with an understanding of politics and a societal transformation that take concern and vulnerability as its starting point.

Die gefährlichen Anderen

Der Neoliberalismus und das Zeitalter der Pandemien. Eine Gegenüberstellung und Zuspitzung

Stefan Vater

Zitation

Vater, Stefan (2022): Die gefährlichen Anderen. Der Neoliberalismus und das Zeitalter der Pandemien. Eine Gegenüberstellung und Zuspitzung. In: Magazin erwachsenenbildung.at. Das Fachmedium für Forschung, Praxis und Diskurs. Ausgabe 46, 2022.
Online: https://erwachsenenbildung.at/magazin/ausgabe-46.

Schlagworte: Biopolitik, Neoliberalismus, Pandemie-Management, politische Bildung

Abstract

Im Zentrum des vorliegenden Beitrags steht die These, dass Neoliberalismus und „Pandemie-Politik" deutliche Parallelen aufweisen. Merkmale des Neoliberalismus wie radikaler Individualismus, die Beförderung von Isolation und Vereinsamung, ein kurzsichtiges, profitorientiertes Denken oder das Abtun von Krankheit oder Schwäche als selbstverschuldet kamen aus der Sicht des Autors auch im Pandemie-Management äußerst klar zum Vorschein. So geschehen etwa in der speziellen Eindringlichkeit des Rufs nach Social Distancing, in immer wieder aufgetauchten Forderungen nach einer Streichung der Sozialleistungen für Nicht-Geimpfte oder bei der Suche nach einzelnen „Unverantwortlichen" und „Superspreadern", die das Virus verbreiten. Die gesetzten Maßnahmen sollten zum Schutz »des Lebens« dienen. Dabei wurde aber nicht gefragt, wessen Leben geschützt werden soll, wer dabei vergessen wird und was der Preis für die gesetzten Maßnahmen ist. Resultat sind zahlreiche gesellschaftliche Herausforderungen und offene Fragen, die wiederum potenzielle Arbeitsfelder politischer Bildung sind: das „Auspressen" der Welt, ein Lockdown der Kultur, der Freiheit und des Wohlfahrtsstaates, Solidarität als Bringschuld, radikale Individualisierung, Spaltung und nicht zuletzt eine Politik der Angst. (Red.)

04

Die gefährlichen Anderen

Der Neoliberalismus und das Zeitalter der Pandemien.
Eine Gegenüberstellung und Zuspitzung

Stefan Vater

Der Beitrag versucht, Arbeitsfelder der politischen Erwachsenenbildung in Zeiten der Pandemie zu benennen. Dazu erfolgt eine zugespitzte Charakterisierung der aktuellen Gesellschaftsformation mit ihren Paradoxien und eine Beschreibung jener Regierungsformen, also jener Steuerungsformen, mit denen Maßnahmen gegen die Pandemie gesetzt wurden. Es waren Maßnahmen, die mit dem Schutz »des Lebens«[1] gerechtfertigt und begründet wurden. Nach einer Einleitung zum Konzept der Biopolitik, das eine Politik beschreibt, die »das Leben« ins Zentrum setzt, erfolgt eine Analyse des Zusammenwirkens von Pandemie und Neoliberalismus[2] in Zeiten der Pandemie.

Biopolitik – Die Verschränkung von Politik und »Leben«

Mitte der 1970er Jahre führte Michel Foucault den Begriff der Biopolitik in seine Analysen der Steuerung von Gesellschaft, in seine „Regierungs-Analysen",[3] ein. Unter Biopolitik versteht Foucault *die Weise, in der man seit dem 18. Jahrhundert versuchte, die Probleme zu rationalisieren, die der Regierungspraxis durch Phänomene gestellt wurden, die* eine Gesamtheit von als Population konstituierten Lebewesen charakterisieren: Gesundheit, Hygiene, Geburtenziffer, Lebensdauer, Rassen…" (Foucault 2003, S. 1020).

»Das Leben« als scheinbar natürlich-biologischer Faktor trat mit der Biopolitik in den Fokus von Regierungsanstrengungen. Der Bezug auf »das Leben« und auf dessen Sicherung ermöglichte politische und ökonomische Aktionen (vgl. Ruoff 2009, S. 84)

---

1   Mit »« beziehe ich mich auf die hegemoniale Anrufung des »wir« oder eines »man« im Sinne eines Schulterschlusses. Eine Anrufung, die immer ausgrenzt und eben nicht alle in das »Wir« einbezieht.

2   Ich verstehe „Neoliberalismus" nicht als eine wirtschaftstheoretische Schule, auch nicht als eine klar definierbare Wirtschaftsordnung. Neoliberalismus wird in diesem Beitrag als eine nach Hegemonie strebende Bewegung verstanden und als eine den Alltagsverstand dominierende Rationalität, die in vielen gesellschaftlichen Feldern durchaus paradox und widersprüchlich wirkt (siehe Bourdieu 1998).

3   Regieren: Damit beschreibt Foucault und auch dieser Beitrag deutlich mehr als das konsistente, inkonsistente oder paradoxe Agieren von Regierungen. Im Grunde werden darunter Prozesse der Selbstführung, Fremdführung, Meinungsbildung, Agitation usw. verstanden. Regieren bezeichnet gesellschaftliche Steuerungs- und Regulationsmechanismen in ihrer breiten Gesamtheit.

und ermöglichte es, mit begrenzter Rechtfertigungsnotwendigkeit und einsichtiger Nötigung zu handeln.

Auch in der aktuellen Pandemie blieb die Frage, wessen »Leben« und Leben unter welchen Bedingungen (siehe Butler 2004) gesichert werden soll/muss, ausgespart – es ging um die dominante, hegemoniale Vorstellung von Leben – es ging um die Vorstellung des Lebens der hegemonialen gesellschaftlichen Gruppen. Es ging und geht nicht um Menschen, es ging und geht um das Leben an sich.

Mit der Biopolitik traten in der COVID-Pandemie nur die schützenswerte Bevölkerung und deren Lebensumstände in den Blick (mit deutlicher Abgrenzung von nicht zur Bevölkerung gehörenden Individuen). Gleichzeitig ermöglichte diese Perspektive strikte Konsequenzen für die Disziplinierungen von Einzelnen im Sinne der hegemonialen Vorstellung von Gesundheit der Sichtbaren und Schützenswerten. Die schützenswerte Bevölkerung wurde dabei durch Indikatoren und Evidenzen quantifiziert und charakterisiert. Es sind Indikatoren, die den Anschein der Natürlichkeit und der Notwendigkeit erwecken und Teil sind einer Kultur der Evidenz, die oft Gemessenes mit natürlich Gegebenem verwechselt. Die Auslegung dieser Indikatoren obliegt den gesellschaftlichen Eliten, die streng festlegen, wer als Experte gilt und was Wissenschaft ist.
Erst die Biopolitik ermöglichte folglich die Vorstellung einer Volksgesundheit (vgl. Foucault 2005, S. 235). Die Biopolitik richtet sich auf die Bevölkerung, also auf diejenigen Bevölkerungsgruppen, die als zur nationalen Bevölkerung gehörig gezählt werden, und auf diejenigen, die aufgrund ihres sozioökonomischen Status und ihres Alters im Raum der Sichtbarkeit sind.

In der gegenwärtigen Situation der Pandemie verbindet sich diese Politik des Lebens mit dem Neoliberalismus als hegemonialer Ideologie (vgl. Hall 1988, 1989 u. 2011; Larner 2000; Vater 2017; Piketty 2020) und beide harmonieren ausgezeichnet.

Handeln ohne Ballast

Der Neoliberalismus nutzt und fordert die Krise und den Ausnahmezustand, die schnelles, effizientes Eingreifen ohne demokratische Kontrolle erlauben (siehe Bourdieu 1998; Ondrak/Vater 2013; Prokla-Redaktion 2022; Vater 2009). Es sind Krisen wie die Finanzkrise, die Bankenkrise, die Schuldenkrise oder auch eine Pandemie. Politik wird bildlich zur Feuerwehr, die die Profite sichert, die Verluste ausgleicht oder die Arbeitnehmer*innen diszipliniert. Krisenintervention muss sich nicht demokratisch rechtfertigen oder auf Nachhaltigkeitsinteressen achten.

Mit dem Ausnahmezustand der COVID-Pandemie wurden Ausgangssperren erlassen und sanktioniert, Polizeibefugnisse und Ermessensspielräume im Privaten wie in der Öffentlichkeit massiv erweitert. Ebenso wurden die Freiheiten im öffentlichen wie im privaten Bereich massiv und relativ unhinterfragt beschnitten und emsig personenbezogene Daten von privaten Unternehmen gesammelt. Das Mittel dieser Politik war die Verordnung, d.h. eine nicht durch das Parlament diskutierte Vorschreibung der Exekutive, die Quarantäne, Hygienevorschriften, Gesundheitskontrollen durch Polizei und Sonstige und weitere Ermöglichungen, Förderungen und Einschränkungen durchsetzte – demokratisch diskutiert werden könne später. All das passierte, um »das Leben« zu sichern.

Der kurze Horizont des Neoliberalismus. Die Krise als Motor gesellschaftlicher Veränderung?

Verschiedene Theoretiker – wie Gilles Deleuze, Antonio Negri oder Michael Hardt – vertreten im Anschluss an Michel Foucault die These: Ein sich radikalisierender Kapitalismus, in der Form eines speziellen Neo-Liberalismus, werde neue „sanfte", nicht auf den ersten Blick gewalttätige Formen der Herrschaft und des nationalen Konsens entwickeln, eine Hegemonie etablieren (vgl. Hardt/Negri 2000, S. 22 u. 2017, S. 262ff., siehe auch Deleuze 1993, Bröckling 2000 u. 2017, Hardt/Negri 2000) und gleichzeitig laufend Ausnahmezustände, Angst und Krisen beschwören oder instrumentalisieren. Es geht um Krisen wie: Schuldenkrisen, Energiekrisen, Finanzkrisen und Pandemien. Es geht dabei nicht um die Krisen des Kapitalismus selbst, sondern um Krisen, die der neoliberale Kapitalismus und dessen Akteure potenziell nutzen, um sich von Demokratie,

Nachhaltigkeit und Verteilungsgerechtigkeit zu befreien oder zumindest diese zu adaptieren – zumal diese den kurzfristigen Profitinteressen schaden.

Es geht bei diesen „sanften" Formen der Herrschaft oder diesen Regierungsformen um Menschenführung, um die Kontrolle »des Lebens« und der Arbeitskraft in Formen, die sich teils unbemerkt in die Normalität, die Idylle oder Langatmigkeit des Alltages, das Leistungsbewusstsein und die gesellschaftliche Normalität einschreiben: Unternehmertum, Nudging, Körperideale, Vorstellungen von Employability, Modernität, Hygiene, Leistung und Nicht-Leistungswilligkeit. Gleichzeitig wird über eine Politik der Angst die Verstärkung des Kontrolldrucks zu einer Normalität und zu einem breiten Bedürfnis der dominanten Majorität der Gesellschaft. Es geht um Herrschaftsformen, die oft ohne direkten externen Drill, ohne direkte Gewalt, aber auch ohne Demokratie auskommen – sich aber in das schlechte Gewissen, das Gesundheitsbewusstsein, die Lust an der Kontrolle anderer, die Eigenverantwortung und die Leistungsbereitschaft einschreiben. Herrschaftsformen, die auf der anderen Seite direkt auf das gesunde »Leben« (der Bevölkerung) zugreifen und es regulieren. Natürlich nur zum Besten »der« Individuen, ob das nun die Ernährung, die soziale Inklusion, die Resilienz, die Bewegung, die Seuchenprävention und den fitten Körper betrifft oder die Hygiene, Körperpflege oder Fitness für das Arbeitsleben. Es ist eine strenge, von sich überzeugte, aber besorgte Herrschaft – eine, die sich auf Gemeinschaft und Solidarität beruft und auch eine Sorge der Individuen um sich selbst kultiviert (siehe Bröckling 2017), und eine, die im Geiste der Erhaltung des Lebens zu allem Möglichen bereit ist – zumal »das Leben« alles rechtfertigt.

Der Bezug auf »das Leben« bringt viele Fragen mit sich: Welches Leben? (siehe Butler 2004) Wessen Leben? Wen vergessen »wir«, wenn »wir« »Leben« in der Pandemie retten? Rechtfertigt diese angebliche Lebensrettung alles? Rechtfertigt das Retten von »Leben« in der Pandemie die Ausblendung des Leids und Todes in Flüchtlingslagern an den EU-Außengrenzen oder in anderen Weltregionen oder die massive Umverteilung zu Gunsten der Reichen (vgl. Butterwege 2021, S. 136ff.; siehe auch Zeyn 2021; Lochner/Klundt 2020; Berghammer 2020; Beckert 2020; Piketty 2020; Pentini/Lorenz 2020;

Spangenberg/Dern/Frings 2021; Milliken/Kneeland/Flynn 2020)? Rechtfertigt die Rettung von Leben die Verschiebung von Kontrolluntersuchungen oder vieler anderer Behandlungen? Rechtfertigt sie umfassende Ausgangssperren wie zu Beginn der Pandemie?

Rechtfertigt die Rettung »des Lebens« die Aufweichung der klaren demokratischen Trennung von Aufgaben in der Gewaltenteilung der österreichischen Verfassung (z.B. in Gesundheitskontrollen durch Polizei, Militär und Private) oder die massive Sammlung von Gesundheitsdaten durch Firmen wie Lifebrain oder den COVID-Fighters? Ist der Verlust der Öffentlichkeit legitimierbar, um »Leben« zu retten? Und ist die Verdrängung von Fragen der bedrohlichen Umweltzerstörung oder schlicht die Verdrängung beinahe aller Themen außer Corona aus dem gesellschaftlichen Diskurs legitim und könnte sie nicht auf längere Dauer ebenso Leben kosten? Welche Leben retten »wir« und welche vergessen »wir«?

Angesichts der radikalen Globalisierung, der Umweltzerstörung, erscheint es nicht unwahrscheinlich, dass dieser Pandemie eine nächste folgt und eine übernächste (vgl. Schmidt-Chanasit 2020; Delanty 2021). Wollen und können »wir« dauerhaft so leben?

Social Distancing neoliberal: There is no such a thing as society, there are just individuals and families (M. Thatcher)

Dieser 1987 von Margaret Thatcher in der Lifestyle-Zeitschrift Woman´s Own in einem Interview geäußerte Slogan bringt den Neoliberalismus auf den Punkt: Es gibt keine Gesellschaft, nur isolierte Einzelne und Familien. Arbeit musste sie in einer Frauenzeitschrift nicht erwähnen, da die Tätigkeit von Frauen ja nicht als Arbeit gilt und galt. Der Neoliberalismus ist als eine spezifische historische Formation mit einer tatkräftigen Feindlichkeit gegenüber assoziierten Individuen und gegenüber Demokratie verbunden (siehe Chapoutot 2021; Cockett 1995; Dixon 2000 oder Hayek 1994 und die praktische Umsetzung des Militärdiktators Pinochet), auch in der gemäßigten Tradition einer Margaret Thatcher oder eines Ronald Reagan wird

gegen Gesellschaft, Solidarität und gewerkschaft-
liche Organisation Position bezogen und der starke
neoliberale Sicherheitsstaat in Stellung gebracht.
Es geht um eine Art neoliberales Social Distancing.
Das Social Distancing der Pandemie fiel damit auf
fruchtbaren Boden.

Neoliberalismus kann in Kürze charakterisiert werden durch:

- radikalen Individualismus, der neben Konkurrenz, Eigenverantwortung und Selbstop-
  timierung vor allem eine Ausblendung von
  strukturellen Ursachen der Ungleichheit erreicht
  und radikal individualisiert
- eine Beförderung von Isolation und Vereinsamung von Menschen (siehe Mausfeld 2021;
  Monbiot 2016)
- kurze, nicht-nachhaltige profitorientierte
  Denk- und Abrechnungshorizonte
- Umverteilungsmuster nach oben, z.B. in der
  gemeinschaftlichen Finanzierung, aber individuellen oder monopolisierten Profitabschöp-
  fung (siehe Zeyn 2021; Lochner/Klundt 2020;
  Berghammer 2020; Beckert 2020; Piketty 2020;
  Pentini/Lorenz 2020; Spangenberg/Dern/Frings
  2021; Milliken/Kneeland/Flynn 2020; Häyry 2020)

Als ein Neoliberalismus, der

- Leistungsunwilligkeit und Schwäche als Ursachen für Unbill der globalisierten Postmoderne
  sieht (siehe Bauman 2003)
- der Umweltschutz nachreiht und den unmit-
  telbaren kurzfristigen Profitzielen unterordnet

In dieser neoliberalen Form des Kapitalismus
bedeutet Kollektivität (z.B. der Sozialstaat, die
Krankenversicherung, die Möglichkeit eines Kran-
kenstandes, Naturschutz oder Ähnliches) abseits
eines Schulterschlusses gegen Krisen ein Handels-
hindernis, ist standortgefährdend und wird laufend
diskursiv unterhöhlt (siehe Dixon 2000, Supiot 2022)
durch eine Lobeshymne auf die Eigenverantwortung, die Flexibilität, Fitness und Beweglichkeit und
das Unternehmertum. *„Die neoliberale Vernunft
fordert Autarkie als moralisches Ideal, während
gleichzeitig neoliberale Machtformen genau diese
Möglichkeit auf der ökonomischen Ebene zunichte-
machen, indem sie jedes Mitglied der Bevölkerung*

*zum potenziell oder tatsächlich Gefährdeten
machen und die allgegenwärtige Bedrohung der
Prekarität sogar zur Rechtfertigung der verstärkten
Regulierung des öffentlichen Raumes und der Mark-
texpansion nutzen"* (Butler 2016, S. 24). Jeder alleine
soll *„zum Unternehmer seiner selbst werden – unter
Bedingungen, die diese dubiose Berufung unmöglich
machen"* (ebd., S. 25).

Es ist eine Radikalisierung, die gleichzeitig nur mehr
den sich Bemühenden und Willigen Sozialleistungen
oder Gesundheitsleistungen zugestehen möchte:
Das ist der Gewährleistungsstaat, den die neoliberale, hegemoniale Managementpraxis, das New
Public Management (siehe Schedler/Pröller 2011)
euphorisch propagiert. Sind das nicht erschreckend
bekannte Töne in der Pandemie? Ich erinnere an
Forderungen wie: Nicht-Geimpfte sollten keine
Gesundheitsleistungen mehr in Anspruch nehmen,
weil sie der Corona-Impfung und »der« Wissenschaft nicht vertrauten und sich zu wenig um ihre
Gesundheit kümmerten. Ich erinnere an die Suche
nach einzelnen „Unverantwortlichen" und „Superspreadern" oder an die Forderung, Nicht-Geimpften
sollte das Arbeitslosengeld oder die Grundsicherung
gestrichen werden. Zygmunt Bauman schrieb schon
2003: *„wer heute krank wird, dem wird unterstellt, er
habe sich nicht konsequent an die Regeln gesunden
Lebens gehalten; wer arbeitslos ist, von dem nimmt
man an, er habe es versäumt, sich richtig auf das
Vorstellungsgespräch vorzubereiten, habe sich nicht
ausreichend um Arbeit bemüht oder sei einfach ar-
beitsscheu: wer Zweifel an der eigenen beruflichen
Karriere hat oder Zukunftsängste äußert, von dem
sagt man, es mangle ihm an sozialer Kompetenz, er
könne weder Freunde gewinnen noch andere beeinflussen, sei eine Niete im Hinblick auf die Kunst des
Selbstmanagements"* (Bauman 2003, S. 45f.).

Der neoliberale Staat spart im Sozialbereich und
Gesundheitsbereich und investiert massiv in den
Bereich der Sicherheit und Wirtschaftsförderung
(siehe Lagasnerie 2012; Prokla-Redaktion 2022 u.
2021; Roth 2022). Sparen bedeutet hier nicht nur
die laufende Forderung nach der Verringerung von
Spitalsbetten (siehe z.B. John 2020), sondern auch
die Prekarität der Beschäftigung im Feld, die Um-
strukturierungen der Gesundheitsversicherungen
und die zunehmende Förderung privater Gesund-
heitsvorsorge. Die nächsten Sparpakete im Bereich

des Sozialen, der Bildung, der Gesundheit werden kommen.

Die Pandemie wird im Gegensatz zur Meinung vieler den Neoliberalismus nicht beenden, sondern ihn radikalisieren. Die Pandemiebekämpfungsstrategien sind in der konkreten Durchführung neoliberale Praxis.

Eine Gegenüberstellung – eine Zuspitzung

In der folgenden Aufstellung sollen Überlappungen oder Ähnlichkeiten von pandemiebedingten Strategien mit neoliberalen Tendenzen beispielhaft und zugespitzt aufgezeigt werden. Ich möchte den Fokus dabei auf die demokratiepolitischen Konsequenzen lenken und nicht die epidemiologischen Aspekte diskutieren.

Tab. 1: Überlappungen oder Ähnlichkeiten von pandemiebedingten Strategien mit neoliberalen Tendenzen

Pandemie: Verordnungen, Gebote und Ratschläge	Realitäten des Neoliberalismus
Social Distancing, jede/r andere ist (pandemiebedingt) gefährlich	Radikaler Individualismus, Vereinzelung, Konkurrenz, jede/r gegen jede/n, Egoismus
Eigenverantwortete Gesundheit: unverantwortliche Einzelne als Treiber der Pandemie – der Superspreader	Eigenverantwortete Gesundheit: Notwendigkeit laufender Arbeit am fitten Körper, um employable zu bleiben
Umverteilung und Förderpolitiken: Wirtschaftsförderung großer Akteure, wiederholte Drohungen von Einschnitten bei Versicherungs- und Sozialleistungen (siehe BEIGEWUM 2020)	Credo des schlanken Staates: In der Realität unterstützt der starke neoliberale Staat eine Umverteilung nach oben und übt Druck auf Sozialsysteme und Arbeitnehmer*innen aus (vgl. Schedler/Pröller 2011, 38ff.). Schlank ist der neoliberale Staat nur im Gesundheits-, Sozial- und Bildungsbereich.
Solidarität als Bringschuld der Einzelnen im Kontext der Eigenverantwortung – um nicht schuldig zu werden; Zusammenstehen für die Lebensform der Vernünftigen, Wohlmeinenden und Reichen	Nationaler Schulterschluss, Zusammenhalten der Nation in der Krise für den Wirtschaftsstandort
Starker intervenierender Staat: Polizei und Ausgangssperren sowie Gesundheitskontrollen, Militär als Helfer im Infrastrukturbereich, Wirtschaftsförderung	Starker Sicherheitsstaat, stark gegen Streiks, Umweltschützer*innen, Migration etc.
Ausblendung von Rahmenbedingungen der Pandemie (Globalisierung, Umweltzerstörung, Profitinteressen) und Schaffung von Sündenböcken: Unvorsichtige, Superspreader und Impfgegner*innen	Ausblendung von Rahmenbedingungen der Ungleichheit und Individualisierungsstrategien
Ausblendung gesellschaftlicher Randzonen (Alleinerziehende, Migrant*innen, Ältere) Verengung des Blickes – die eigene Normalität der Begüterten wird zur Universalie	Ausblendung gesellschaftlicher Randzonen (Prekarisierte, Migrant*innen,...), Verengung des Blickes – die eigene Normalität der Begüterten wird zur Universalie (siehe Jones 2016)
Skepsis gegenüber Diskussion, Dissens und Kritik. Kritik wird als dem nationalen Schulterschluss oder dem eigenen Lager entgegenstehend gesehen und desavouiert. Konsequenzen: Verlust des Expertenstatus oder Bezeichnung als „Schwurbler", „Covidiot", „Impffaschist"; Beschränkungen des Diskursraumes	Ende der Geschichte, Skepsis gegenüber Diskussion, Dissens, Kritik, Verengung von Vorstellungsräumen; neoliberale Wirtschaftsordnung und Markt als Natur; Beschränkungen des Diskursraumes
(Androhung der) Reduzierung der Versicherungsleistungen und Grundsicherheiten für Nicht-Geimpfte oder Nicht-Leistungswillige	Reduzierung der Versicherungsleistungen und Grundsicherheiten für Nicht-Leistungswillige
Politik der Angst: Krisen, Krankheit, Tod bestimmen die Legitimation von Politik	Politik der Angst: Krisen, Leistung und Nichtveränderbarkeit der neoliberalen Ordnung
Zorn wird mit Individualisierungsstrategien provoziert, gefördert und auf Randgruppen und Sündenböcke fokussiert	Selbstzufriedenheit der Leistungswilligen und Verachtung der Armen, die gleichzeitig als leistungsunwillig konstruiert werden
Unterlaufen von Gewaltentrennung und Demokratie: Ausnahmezustand als andauernde Realität; Verfassung als Hemmschuh	Unterlaufen von Gewaltentrennung und Demokratie: Ausnahmezustand als andauernde Realität; Verfassung als Hemmschuh; Privatisierung des Rechts (Schiedsgerichte, Sonderkommissionen) (vgl. Butterwege 2021, S. 124ff.)
Wilde Spiele mit Zahlen – Evidenzbasierung: Inzidenzen, R-Faktor usw.	Wilde Spiele mit Zahlen – Evidenzbasierung: Verschuldung, Wirtschaftswachstum, Reichtum

Quelle: Eigene Darstellung

Herausforderung für die politische Bildung

Die Welt auspressen wie eine Zitrone

Wir leben in einem neoliberalen Kapitalismus, der die Reichsten immer reicher macht, der den Regenwald in einer zuvor ungeahnten Intensität nutzt und niederbrennt, der die Riffe Australiens übersäuert und die Artenvielfalt ungehemmt zerstört, als gebe es kein Morgen. All das schafft Voraussetzungen für Katastrophen und weitere Pandemien (siehe Schmidt-Chanasit 2020). Es dominiert ein Neoliberalismus, der Arbeitsrechte als „Gold-Plating" abbaut und gleichzeitig unfassbare Managergehälter ausbezahlt. Demonstrationsrechte werden eingeschränkt oder müssen dem Einkaufserlebnis weichen, weil der Wirtschaftsstandort gefährdet ist, ohnehin nur Rechte demonstrieren und zu demonstrieren ja auch pandemiebedingt gefährlich ist.

Das 21. Jahrhundert könnte das Jahrhundert der Krisen, Notverordnungen und Pandemien werden. Wie könnte eine Gegenstrategie für eine Bildung von Demokratie und Nachhaltigkeit aussehen?

Reduktionen auf das Wesentliche: Der Lockdown der Kultur, der Freiheit, der Bildung des Wohlfahrtsstaates

Brauchen »wir« Kultur? Brauchen »wir« Bildung? Brauchen »wir« Geselligkeit und Freizeit? »Man« kann es sich ja auch zuhause gemütlich machen, wenn ein Zuhause vorhanden ist. In der Pandemie und im Neoliberalismus brauchen »wir« den öffentlichen Raum und die Kultur nicht unbedingt – Arbeitsfähigkeit und Arbeitswilligkeit und pandemieadäquates Verhalten reichen. Es ist eine Reduktion auf das Wesentliche für den Kapitalismus: die Arbeit und ein wenig Reproduktion. Ich verweise auf Volkshochschul-Schließungen im Bereich der nicht beruflichen Bildung, auf Schulschließungen, geschlossene Theater, Parks, Bibliotheken und gleichzeitig die Unhinterfragbarkeit offener, betriebiger Baustellen, Büros, Fabriken und Consultingagenturen. Wie könnte eine Strategie für mehr demokratische Öffentlichkeit für alle aussehen? Wie wäre eine Bildung für Gerechtigkeitskompetenz und soziale Ökologie umsetzbar?

Was ist aus Solidarität geworden? – eine Bringschuld

Solidarität wird in dieser neoliberalen diskursiven Formation zu einer Leistung, die auch bequem vom gemütlichen Sofa aus gefordert werden kann und die besonders die anderen zu erbringen haben. Solidarität rechtfertigt Verbote für den Wirtschaftsstandort, die Beschäftigungsfähigkeit oder die Gesundheit und »das Leben«. Historisch würde ich ja zu behaupten wagen, dass solidarisches Handeln ein Handeln weniger Privilegierter bezeichnete, mit dem diese freiwillig und oft gegen Herrschaftsinteressen ebenso Unterprivilegierten Unterstützung leisteten. Was kann Solidarität heute bedeuten, wenn sie mehr sein soll als die „Hausaufgaben" der Regierenden an die Bevölkerung?

Radikale Individualisierung – Schuld ist das Handeln Einzelner

Es wird behauptet, die Schuld an Corona haben Einzelne, es geht nicht darum, die etwaigen Ursachen von Pandemien im globalen umweltzerstörenden Kapitalismus zu benennen, wie Umweltzerstörung, Raubtierkapitalismus, prekäre Arbeit, Superreiche, Monopole oder eine existenzvernichtende Ausbeutung. Nein, wir werden tagtäglich von Radio, TV und anderem zugedröhnt mit der Schuld einzelner, unverantwortlich Handelnder. Als könnte die Pandemie durch individuelles Wohlverhalten gestoppt werden. Im Grunde begann das Schelten und Verantwortlichmachen derjenigen, die sich dem Impfen entziehen, in Österreich unmittelbar nach der Freigabe der Impfung. Trotz Impfstoffmangels wurden parallel bereits die Figuren „Impfgegner" und „Corona-Leugner" aufgebaut. Wie könnte Bildung kollaborativ gegen schädliche Konkurrenz und Angst wirken? Und wie könnten strukturelle Probleme wie Umweltzerstörung, Ressourcenungleichheit ins gesellschaftliche Bewusstsein gerückt werden?

Spaltungen: Der Zorn auf die Corona-leugner, Verschwörungstheoretiker, die Impfpflicht, die Pharmakonzerne

Es ist schockierend, mit welcher Leichtigkeit es in der Pandemie möglich wurde, anderen individualisierend Schuld zuzuschieben für die Dinge, die sie eigentlich gar nicht verursacht haben können… und wie der Zorn hochkocht und eine Diskussion unmöglich wird angesichts der tiefen Gräben, die quer durch die Gesellschaft gehen. Es ist eine Verrohung der Sprache festzustellen: Wie leicht geht „Leugner", „Schwurbler", „Impf-Faschist" oder „Diktatur" von den Lippen. Es ist ein Verlust offener kritischer Diskussion festzustellen. Wie sicher ist die eigene Überzeugung, das eigene Vorurteil? Unsere Gesellschaften sind bedroht, in abgeschottete Submilieus zu zerfallen (siehe Jones 2016), die einander nicht mehr zur Kenntnis nehmen. *„Es ist kurzsichtig anzunehmen, dass man ›Lösungen‹ für Menschen hat, an deren Leben man nicht teilnimmt und deren Probleme man nicht kennt"* (Feyerabend 1980, S. 237).

bell hooks formulierte das Ziel einer emanzipierten und ihrer Ungleichheit bewussten Gesellschaft folgendermaßen: Es gilt ein Bewusstsein zu erreichen, das nicht alles für sicher hält (*„not to take so much for granted"*; hooks 2000, S. 27). Ein Bewusstsein, das gleichzeitig nicht faktenwidrig die eigenen Privilegien für alle gültig erklärt. Ein Bewusstsein, das nicht allen erklärt, ob arbeitslos oder alleinerziehend oder in der Intensivpflege tätig, es gälte die ruhige Zeit des Lockdowns lesend zu nutzen. Davon scheinen wir weit entfernt. Was könnte die von Konkurrenz und Einsamkeit Getriebenen gemeinschaftlich verbinden und demokratisches Agieren ermöglichen? Was kann Selbstkritik fördern?

Politik der Angst

„Bald wird jeder von uns jemanden kennen, der an Corona gestorben ist" (Sebastian Kurz 2020, zu dieser Zeit österreichischer Bundeskanzler). Wenn Drohung dauernder Antrieb der Politik wird und Konsens über das Schüren von negativen Emotionen erzeugt wird (siehe Massumi 1993; Mausfeld 2021), ist das einerseits weder gesund noch ungefährlich und auch nicht fortschrittsbefördernd. Wenn auf dieser Basis Solidarität eingefordert wird, ist das eher der nationale Schulterschluss. Was könnte Zuversicht geben vergleichbar der Idee des Fortschritts der Wohlfahrtsstaaten der 1970er??

Der beschränkte Raum der Diskussion

„The smart way to keep people passive and obedient is to strictly limit the spectrum of acceptable opinion, but allow a very lively debate within that spectrum – even encourage the more critical and dissident views. That gives people a sense that there's free thinking going on, while all the time the presuppositions of the system are being reinforced by the limits put on the range of debate." (Chomsky/Barsamian/Naiman 1998, S. 43)

Übersetzt: „Der schlaueste Weg, Menschen passiv und gehorsam zu halten, ist, das Spektrum an akzeptabler Meinung streng zu beschränken, aber eine sehr lebhafte Debatte innerhalb dieses Spektrums zu ermöglichen – sogar die kritischeren und die Ansichten der Dissidenten zu fördern. Das gibt den Menschen ein Gefühl, dass es ein freies Denken gibt, während die Voraussetzungen des Systems durch die Grenzen der Diskussion gestärkt werden."

Was darf geäußert werden? Was macht jemanden zu einem „Schwurbler", einem „Leugner" oder einem „Impffaschisten"? Wer zieht die Grenzen des Sagbaren, die jedenfalls bestehen sollen. Aber werden sie nicht derzeit allzu eng?

Literatur

Bauman, Zygmunt (2003): Flüchtige Moderne. Frankfurt am Main: Suhrkamp.

BEIGEWUM – Beirat für gesellschafts-, wirtschafts- und umweltpolitische Alternativen (Hrsg.) (2020): Covid Kaleidoskop Teil I. Wie die Krise die Ungleichheit verschärft. Wien. Online: http://www.beigewum.at/wp-content/uploads/Beigewum_CoronaKalaidoskop_Teil1_final.pdf [Stand: 2022-06-10].

Berghammer, Caroline (2020): Wer ist von der Krise besonders betroffen? Wachsende soziale Ungleichheit in der Corona-Krise. In: Büro Für Frauengesundheit und Gesundheitsziele (Hrsg.): Frauengesundheit und Corona. Wien: Stadt Wien, S. 121-128. Online: https://fem-men.at/wp-content/uploads/2021/08/frauengesundheit-corona.pdf [Stand: 2022-06-10].

Beckert, Jens (2020): All Viruses are Created Equal. Corona-Epidemie und soziale Ungleichheit in den USA. In: Geschichte und Gesellschaft (Göttingen), 46(3), S. 468-480. doi: 10.13109/gege.2020.46.3.468

Bröckling, Ulrich (2000): Totale Mobilmachung. Menschenführung im Qualitäts- und Selbstmanagement. In: Bröckling, Ulrich/ Krasmann, Susanne/Lemke, Thomas (Hrsg.): Gouvernementalität der Gegenwart. Studien zur Ökonomisierung des Sozialen. Frankfurt: Suhrkamp, S. 131-167.

Bröckling, Ulrich (2017): Gute Hirten führen sanft. Über Menschenregierungskünste. Frankfurt: Suhrkamp.

Bourdieu, Pierre (1998): L'essence du néolibéralisme. In: Le Monde Diplomatique, Mars 1998, S. 3.

Butler, Judith (2004): Precarious Life: The Powers of Mourning and Violence. London/New York: verso.

Butler, Judith (2016): Anmerkungen zu einer performativen Theorie der Versammlung. Frankfurt: Suhrkamp.

Butterwege, Christoph (2021): Ungleichheit in der Klassengesellschaft. Köln: Papyrossa.

Chapoutot, Johann (2021): Gehorsam macht frei. Eine kurze Geschichte des Managements – von Hitler bis heute. München: Propyläen Verlag.

Chomsky, Noam/Barsamian, David/Naiman, Arthur (1998): The Common Good. Tucson, Ariz: Odonian Press.

Cockett, Richard (1995): Thinking the Unthinkable: Think-tanks and the Economic Counter-revolution. 1931-83. London: Fontana.

Delanty, Gerard (Hrsg.) (2021): Pandemics, Politics, and Society. Critical Perspectives on the Covid-19 Crisis. Berlin-Boston: De Gruyter.

Deleuze, Gilles (1993): Postskript über die Kontrollgesellschaften. In: Ders.: Unterhandlungen 1972-1990. Frankfurt: Suhrkamp, S. 254-261.

Dixon, Keith (2000): Die Evangelisten des Marktes. Konstanz: Universitätsverlag Konstanz.

Feyerabend, Paul (1980): Erkenntnis für freie Menschen. Frankfurt: Suhrkamp.

Foucault, Michel (2003): Nr. 274. Die Geburt der Biopolitik. In: Ders.: Dits et ecrits. Schriften. Dritter Band. Frankfurt: Suhrkamp, S. 1020-1028.

Foucault, Michel (2005): Nr. 297. Die Maschen der Macht. In: Ders.: Dits et ecrits. Schriften. Vierter Band. Frankfurt: Suhrkamp, S. 224-244.

Hall, Stuart (1988): The Toad in the Garden: Thatcherism among the Theorists. In: Nelson, Cary/Grossberg, Lawrence (Hrsg.): Marxism and the interpretation of culture. Urbana: University of Illinois Press, S. 35-74.

Hall, Stuart (1989): Der Thatcherismus und die Theoretiker. In: Ders.: Ausgewählte Schriften. Hamburg: Argument, S. 172-206.

Hall, Stuart (2011): The neoliberal Revolution. In: Cultural Studies, Nr. 25:6, S. 705-728.

Hardt, Michael/Negri, Antonio (2000): Empire. Cambridge/Massachusetts/London: Harvard University Press.

Hardt, Michael/Negri, Antonio (2017): Assembly. Die neue demokratische Ordnung. Frankfurt: Suhrkamp.

Häyry, Matti (2020): COVID-19: Another Look at Solidarity. In: Cambridge Quarterly of Healthcare Ethics, 1-7. doi: 10.1017/S0963180120001115

Hayek, Friedrich, A. (1994): The Road to Serfdom, Chicago: University of Chicago Press.

hooks, bell (2000): Where we stand: Class matters. New York/London: Taylor and Francis.

John, Gerald (2020): Experten fordern trotz Corona-Krise Einsparung von Spitalsbetten. In: Der Standard, vom 10.05.2020. Online: https://www.derstandard.at/story/2000117200372/experten-fordern-trotz-corona-krise-einsparung-von-spitalsbetten [Stand: 2022-06-10].

Jones, Owen (2016): Chavs: The Demonization of the Working Class. London, New York: verso.

Lagasnerie, Geoffrey (2012): La dernière leçon de Michel Foucault. Sur le néolibéralisme, la théorie et la politique. Paris: Fayard.

Larner, Wendy (2000): Neo-liberalism: policy, ideology, governmentality. In: Studies in Political Economy 63, S. 5-26.

Lochner, Barbara/Klundt, Michael (2020): Pole, die nicht schmelzen. Soziale Ungleichheit und Corona. In: Sozial extra 45, no. 1 (2020): S. 4-6. doi: 10.1007/s12054-020-00341-z

Massumi, Brian (Hrsg.) (1993): The Politics of Everyday Fear (NED-New edition). University of Minnesota Press.

Mausfeld, Reiner (2021): Angst und Macht. Herrschaftstechniken in kapitalistischen Demokratien. Frankfurt: Westend.

Milliken, Frances J./Kneeland, Madeline K./Flynn, Elionor (2020): Implications of the COVID-19 Pandemic for Gender Equity Issues at Work. In: Journal of Management Studies 57.8 (2020): S. 1767-1772.

Monbiot, George (2016): Neoliberalism is creating loneliness. That's what's wrenching society apart. In: Guardian. 12. Oktober 2016. Online: https://www.theguardian.com/commentisfree/2016/oct/12/neoliberalism-creating-loneliness-wrenching-society-apart [Stand: 2022-06-10].

Ondrak, Georg/Vater, Stefan (Hrsg.) (2013): Antworten auf die Krise? Herausforderungen für die Erwachsenenbildung! Dokumentation des Zukunftsforums Erwachsenenbildung 2013. Vom 3. bis 5. Juli 2013, Haus der Begegnung, Innsbruck, Tirol, Wien. Online: https://files.adulteducation.at/uploads/Zwielehner/Zukunftsforum_2013/Zukunftsforum_2013.pdf [Stand: 2022-06-10].

Pentini, Anna Aluffi/Lorenz, Walter (2020): The Corona crisis and the erosion of ‚the social' – giving a decisive voice to the social professions. In: European journal of social work, 23(4), S. 543-553. doi: 10.1080/13691457.2020.1783215

Piketty, Thomas (2020): Pandemie und Ungleichheit. Ein Gespräch über die Ideologie des Kapitals. Bonn: Dietz.

Prokla-Redaktion (Hrsg.) (2021): Gesundheit mit System. In: PROKLA. Zeitschrift für Kritische Sozialwissenschaft, 51(205), Heft 4, Dezember 2021. doi: 10.32387/prokla.v51i205.1975

Prokla-Redaktion (2022): Corona und die Folgen: Gewinner, Verlierer und Chancen für eine neue Gesellschaftspolitik. In: PROKLA. Zeitschrift für Kritische Sozialwissenschaft, 52(206), Heft 1, März 2022, S. 4-8. doi: 10.32387/prokla.v52i206.1983

Roth, Karl-Heinz (2022): Die Corona-Krise und ihre Folgen, München: Kunstmann.

Ruoff, Michael (2009): Foucault Lexikon. Paderborn: Fink.

Schedler, Kuno/Pröller, Isabella (2011): New Public Management. Bern, Haupt: UTB.

Schmidt-Chanasit, Jonas (2020): Corona-Krise: Wie hängen Pandemie, Umweltzerstörung und Klimawandel zusammen? Online: https://www.bpb.de/themen/gesundheit/coronavirus/308483/corona-krise-wie-haengen-pandemie-umweltzerstoerung-und-klimawandel-zusammen [Stand: 2022-06-10].

Spangenberg, Ulrike/Dern, Susanne/Frings, Dorothee (2021): Lockdown Für Die Gleichstellung?! Soziale (Ab-)Sicherung in Zeiten Von Corona. In: Sozialer Fortschritt (Berlin), 70, 5-6 (2021), S. 339-356.

Supiot, Alain (2022): Foucault's Mistake. In: New Left Review 132, Nov/Dec 2021, S. 125-140.

Vater, Stefan (2009): Widerstand gegen Bildung. A Stupid Attitude? In: Vater, Stefan/Rosinger, Laura (Hrsg.): Eine Konferenz der anderen Art. 50 Jahre Salzburger Gespräche für LeiterInnen in der Erwachsenenbildung. Wien: Peter Lang, S. 148-160.

Vater, Stefan (2017): Mehr Markt, mehr Management und alles wird (wieder) gut? New Public Management in der Erwachsenenbildung. In: Magazin erwachsenenbildung.at. Ausgabe 32, 2017. Wien. Online: http://www.erwachsenenbildung.at/magazin/17-32/meb17-32.pdf [Stand: 2022-06-10].

Zeyn, Martin (2021): Umverteilung nach oben. Verstärkt Corona die Ungleichheit? Online: https://www.br.de/kultur/corona-verstaerkt-die-ungleichheit-100.html [Stand: 2022-06-10].

Dr. Stefan Vater

stefan.vater@vhs.or.at
https://www.vhs.or.at
+43 (0)1 216422-619

Stefan Vater studierte Soziologie in Linz und Berlin und Philosophie in Salzburg und Wien. Er ist wissenschaftlicher Mitarbeiter der Pädagogischen Arbeits- und Forschungsstelle des Verbands Österreichischer Volkshochschulen, Projektleiter der Knowledgebase Erwachsenenbildung sowie Lehrbeauftragter für Bildungssoziologie und Genderstudies an verschiedenen Universitäten.

The Dangerous Others

Neoliberalism and the age of pandemics: A confrontation and escalation

Abstract

The thesis of this article is that neoliberalism and „pandemic politics" have significant parallels. The author finds that features of neoliberalism such as radical individualism, the promotion of isolation and loneliness, shortsighted and profit-oriented thinking or the dismissal of illness or weakness as one's own fault also came to light very clearly in how the pandemic was managed. For example, this is what has happened in the special forcefulness of the call for social distancing, in the recurring demands for elimination of social benefits for the unvaccinated or in the search for „irresponsible" individuals and „superspreaders" who spread the virus. The measures should serve to protect „life." However, questions that have not been asked are whose life should be protected, who has been forgotten and what the price of the measures is. The result is that there are numerous social challenges and open questions, which in turn are potential fields of work for political education: the „squeezing dry" of the world; a lockdown of culture, freedom and the welfare state; solidarity as an obligation; radical individualization; societal division and last but not least a politics of fear. (Ed.)

Für eine emanzipatorische Perspektive politischer Bildung

Im Gespräch mit Ulrich Brand über die Transformation zur solidarischen Lebensweise

Simone Müller

Müller, Simone (2022): Für eine emanzipatorische Perspektive politischer Bildung. Im Gespräch mit Ulrich Brand über die Transformation zur solidarischen Lebensweise. In: Magazin erwachsenenbildung.at. Das Fachmedium für Forschung, Praxis und Diskurs. Ausgabe 46, 2022. Online: https://erwachsenenbildung.at/magazin/ausgabe-46.

Schlagworte: imperiale Lebensweise, solidarische Lebensweise, politische Bildung, gesellschaftliches Lernen, Emanzipation

Abstract

Gegenwärtige Gesellschaftsdiagnosen fallen gemeinhin dystopisch aus: Corona, Klima und Krieg verweisen auf Krisen und Katastrophen globalen Ausmaßes. Im ausführlichen Interview mit der Bildungswissenschaftlerin Simone Müller argumentiert der Politikwissenschaftler Ulrich Brand, dass diese Krisen in Zusammenhang stehen mit einer imperialen Lebensweise. Diese beinhaltet erdumspannende Verhältnisse der Ausbeutung und Ungleichheit. Ihr wäre eine solidarische Lebensweise gegenüberzustellen, die es individuell und gesellschaftlich zu erlernen sowie politisch zu fördern und abzusichern gilt. Die solidarische Lebensweise eröffnet eine Zukunftsperspektive, die sich an einem zentralen Topos der politischen Bildung orientiert: der Emanzipation. Damit uns die Verhältnisse also nicht überrollen, sondern als gestaltbar erlebt werden können, müssen Lernräume und -orte geschaffen werden, in denen selbstständiges Denken und Gesellschaftskritik möglich sind. Es braucht zudem eine gesellschaftliche Atmosphäre des Aufbruchs, die ermutigt, für Veränderung und Alternativen einzutreten.

05

Für eine emanzipatorische Perspektive politischer Bildung

Im Gespräch mit Ulrich Brand über die Transformation zur solidarischen Lebensweise

Simone Müller

Es braucht dringend eine gesellschaftliche Atmosphäre, in der Menschen sagen können: Wir wollen den Unterschied machen! Diese Ideen müssen nach vorne weisen und mit einer emanzipatorischen und befreienden Perspektive verbunden werden. Um die Verhältnisse gestaltbar zu machen, braucht es politische Bildung im Sinne kritischer (Selbst-)Ermächtigung.

Simone Müller: Herr Brand, Sie haben mit Markus Wissen das Konzept der imperialen Lebensweise geprägt. Die imperiale Lebensweise umfasst kapitalistische Produktions- und Konsummuster, die auf der Ausbeutung von Mensch und Natur basieren. Daraus resultieren globale Ungleichheiten, die in subjektive Lebensvollzüge ebenso eingeschrieben sind wie in gesellschaftliche Verhältnisse. Was sagt uns diese gegenwartsdiagnostische Krisenbeschreibung konkret?

Ulrich Brand: Mit diesem komplexen Konzept der imperialen Lebensweise wollen wir die Dynamik des Kapitalismus seit Beginn des Kolonialismus analysieren und dabei verstehen, wie sich Profitinteressen in die Gesellschaft und in das Leben von Individuen einschreiben. Menschen greifen in ihrem normalen Alltag ständig auf billige Natur und Arbeitskraft zurück, und zwar über den Konsum von Gütern und Dienstleistungen. Die imperiale Lebensweise hat eine strukturelle Dimension, wird aber von den Individuen gelebt. Für manche bedeutet das erweiterte Konsummöglichkeiten wie etwa ein großes Auto. Für andere ist die imperiale Lebensweise hingegen ein durchaus erfahrbarer Zwangszusammenhang, der Leben und Arbeit bestimmt. Besonders Menschen im globalen Süden, vor allem jene in den sogenannten „Ressourcenextraktionsländern" spüren sehr deutlich, dass die imperiale Lebensweise bestimmte Gruppen und deren Interessen auf Kosten anderer und der Natur privilegiert.

Die imperiale Lebensweise basiert also auf globaler, aber auch innergesellschaftlicher Ungleichheit und reproduziert sie. Damit sind wir bei der Krisenbeschreibung, die in eine ambivalente Situation eingebettet ist: Seit den 1970er Jahren findet eine zunehmende Politisierung der ökologischen Krise statt, gleichzeitig kommt es zu einer Intensivierung der imperialen Lebensweise. Die dominante Antwort auf die Krise war bisher: Wachstum! Wir hingegen argumentieren, dass durch weitere kapitalistische Expansion die wirtschaftlichen, sozialen und ökologischen Krisen der Gegenwart nicht gelöst, sondern vielmehr verstärkt werden.

Die imperiale Lebensweise

Ulrich Brand, Professor für Internationale Politik an der Universität Wien, und Markus Wissen, Professor für Gesellschaftswissenschaften an der Hochschule für Wirtschaft und Recht Berlin, prägten in ihrem 2017 erschienenen Werk „Imperiale Lebensweise. Zur Ausbeutung von Mensch und Natur im Globalen Kapitalismus" das gleichnamige Konzept[1].

Die imperiale Lebensweise beschreibt, inwiefern die meisten Menschen in einem Land wie Österreich auf Kosten der Natur und Arbeitskraft anderer Weltregionen leben. Sie verweist damit auf globale kapitalistische Ausbeutungsverhältnisse in Bezug auf soziale und ökologische Ressourcen. Die imperiale Lebensweise kann aber auch innergesellschaftliche Ungleichheiten fassen, weil sie die Unterschiedlichkeit von Lebensverhältnissen thematisiert.

Eine zentrale Krise der letzten Jahre war die Corona-Krise, die nur oberflächlich als Gesundheitskrise verhandelt werden kann. Recht schnell legte die Corona-Pandemie auch andere „Systemkrisen" offen, wie zum Beispiel an der Diskussion rund um die Pflege- und Sorgearbeit oder den „systemrelevanten Berufen" deutlich wurde. Wie könnte das Konzept der imperialen Lebensweise Ihrer Ansicht nach dazu beitragen, die Corona-Krise zu analysieren?
Wir haben eine Pandemie, also eine gesundheitliche Ausnahmesituation, die sofort zu einer gesellschaftlichen und einer wirtschaftlichen Krise wurde. Wir müssen uns nur an den ersten Lockdown erinnern: Wer kann ins Homeoffice und wer muss in die Fabrik, an die Supermarktkassa oder an die Ladentheke? Wer erhält – auch global gesehen – sozialstaatliche Unterstützung in der Krise oder wer steht plötzlich ohne Arbeit und damit ohne jedes Einkommen da?

Auch die Debatte rund um die systemrelevanten Berufe macht ausbeuterische Verhältnisse sichtbar, weil vormals als selbstverständlich angenommene Arbeit in Bereichen wie der Pflege- bzw. dem Gesundheitsbereich im Lichte der Krise politisiert werden konnte. Die imperiale Lebensweise weist uns genau auf diese ungleichen Lebensverhältnisse hin. Das gilt auch in Bezug auf den Impfstoff. Dieser wurde in den High-Tech-Zentren hergestellt und verteilt, sodass es im globalen Norden nun zu viel, in vielen Ländern des globalen Südens zu wenig Impfstoff gibt. Das hat alles mit der strukturellen Verankerung einer imperialen Produktions- und Lebensweise zu tun.

Nicht zuletzt aufgrund dieser Ungleichheitsverhältnisse, von denen manche in der Covid-Krise noch verstärkt wurden, wurde eine Diskussion rund um die Auswirkungen von Corona auf die Demokratie laut. Von verschiedenen Seiten wird sogar eine Ent-Demokratisierung attestiert, die durch die Corona-Krise beschleunigt oder verstärkt wurde. Inwiefern könnte uns das Konzept der imperialen Lebensweise helfen, auch diese „Krise der Demokratie" besser zu verstehen?
In Verbindung mit der imperialen Lebensweise interessiert uns besonders ein Aspekt der Demokratie, der über grundlegende demokratische Rechte wie Wahlrecht, Versammlungs- und Meinungsfreiheit hinausgeht. Diese „soziale" Dimension der Demokratie heißt, gute Lebensverhältnisse für alle zu schaffen, zum Beispiel durch die Sicherstellung einer funktionierenden öffentlichen Infrastruktur, eines Gesundheits- und Bildungssystems, aber auch durch die materielle Teilhabe an der Gesellschaft über auskömmliche Einkommen. Die Bedingungen dafür sind allerdings ambivalent, da der Kapitalismus erstmal Spaltung bedeutet, weil er die materiellen Teilhabemöglichkeiten völlig ungleich verteilt – das wurde auch in der Corona-Krise deutlich. Dennoch ermöglicht, unabhängig von der Krise, die imperiale Lebensweise den sozialen Aspekt der Demokratie in Österreich viel besser als in den meisten Ländern der Welt.

Hinsichtlich der Diagnose der Ent-Demokratisierung sehen wir, dass sie in Zusammenhang steht mit Krisen, die von der imperialen Lebensweise erzeugt werden. Die Klimakrise und die aktuelle Ressourcenkrise, die durch den Krieg in der Ukraine über den

---

1 Grundlegende Überlegungen in diesem Zusammenhang publizierte Ulrich Brand bereits 2010 im Magazin erwachsenenbildung.at. Nachzulesen unter: https://erwachsenenbildung.at/magazin/10-11/meb10-11_04_brand.pdf

massiven Anstieg von Energie- und Nahrungsmittelpreisen spürbar ist, sind Produkte der imperialen Lebensweise. Letztere muss daher immer autoritärer stabilisiert werden, womit sie eine strukturelle Ent-Demokratisierung vorantreibt. Wieder zeigt sich das heute schon konkret in Ländern des globalen Südens, wo vielen Menschen die Lebensgrundlage zugunsten der Ressourcenextraktion zerstört wird und die Regierungen oft autoritär und repressiv auf den Widerstand gegen die Zerstörung reagieren. Aber auch in Österreich wird deutlich: Wenn es nicht mehr so viel zu verteilen gibt, wenn die Wirtschaftskrise tiefer wird, dann gibt es eine Tendenz zu autoritären Politiken.

Die Zustimmung zu solchen autoritären Politiken zeigte sich in Österreich – mehr oder weniger offensichtlich – auch in manchen Protesten gegen die Maßnahmen zur Eindämmung des Virus. Obwohl also bestimmte Protestbewegungen wie auch deren Argumentationen und Forderungen mit autoritärer Politik gut verträglich sind, geben sie genau das Gegenteil vor, nämlich für Demokratie einzustehen. Könnten diese Proteste also sogar als Teil der Stabilisierung der imperialen Lebensweise gedeutet werden?
Es ist wichtig zu betonen: Proteste sind nicht per se kritisch-emanzipatorisch, sondern durchaus auch konservierend oder offen reaktionär. Ganz viele Proteste wollen die Verteidigung der imperialen Lebensweise, genauso wie viele Regierungen, die Wirtschaft und Konsument*innen. Ein Beispiel ist die wahnsinnig ressourcenintensive Umstellung auf Elektro-Autos. Das ist eine massive Verteidigung der imperialen Lebensweise und keine Kritik daran. Oder das Geschrei wegen angeblicher „Verbotspolitik", wenn umweltpolitische Maßnahmen dazu führen, dass nicht alle tun und lassen können, was ihr Geldbörserl zulässt.

Was wäre demgegenüber aus Ihrer Sicht eine demokratische und solidarische Form der Kritik?
Kritik muss ja auch ganz praktisch gedacht werden, nicht nur als geschriebene Kritik. Das sind solidarische Proteste, die sich für Veränderung einsetzen und die imperiale Lebensweise in Frage stellen. Demokratisch sind sie, weil sie eine Auseinandersetzung über Themen ermöglichen und so Herrschaftsverhältnisse – dazu zählen auch gesellschaftliche Selbstverständlichkeiten oder

Im Gespräch: Ulrich Brand, Foto: Bärbel Högner

Ulrich Brand ist seit 2007 Professor für Internationale Politik am Institut für Politikwissenschaft der Universität Wien. Er lehrt und forscht zu den Themen: Internationale Politik, Kritische Analysen der Globalisierung und ihrer politischen Regulierung, die Rolle von Staat und Wirtschaft, Zivilgesellschaft und sozialen Bewegungen in diesen Prozessen, Ökologische Krise, Global Environmental Governance und sozial-ökologische Transformation mit den Schwerpunkten Ressourcen-, Energie- und Klimapolitik, Regionale Schwerpunkte sind Lateinamerika und Südostasien, Entwicklungen in West- und Osteuropa sowie den USA.

Nach dem Studium der Betriebswirtschaft studierte er Politikwissenschaft und Volkswirtschaftslehre in Berlin und Buenos Aires und promovierte 2000 mit einer Arbeit zum Verhältnis von Staat und Nichtregierungsorganisationen in der internationalen Umweltpolitik. 2006 habilitierte er sich mit einer Arbeit zur Internationalisierung des Staates. Neben wissenschaftlichen Tätigkeiten an Projekten und Universitäten hatte er längere Forschungsaufenthalte in den USA, Mexiko, Kanada.

E-Mail: ulrich.brand@univie.ac.at
Web: https://politikwissenschaft.univie.ac.at
Telefon: +43 (0)1 427749452

Diskursverhältnisse wie „Wachstum um jeden Preis" oder „große Autos sind cool" – verflüssigen können. Die imperiale Lebensweise erschwert Alternativen. Sie ist wie ein Korridor, der das Denken eng führt. Beispiele für solidarische Kritik sind die Proteste gegen den Lobautunnel, das Bündnis „Ende Gelände" oder Fridays for Future. Dazu gehört aber auch, die

Arbeiter*innen im Marchfeld zu organisieren oder mit Pflegenden für bessere Arbeitsbedingungen und mehr Bezahlung zu protestieren.

Was sind die politischen Rahmenbedingungen, um solidarische Proteste in konkrete Alternativen zu überführen"?
Auf der konkreten Ebene des demokratischen Tuns haben wir eine Unmenge an solidarischen Alternativen in den verschiedenen Versorgungsfeldern wie Mobilität, Wohnen, Ernährung, Kommunikation etc. Zentral ist es, die verschiedenen Gegenbewegungen und Alternativen in diesen Feldern zur Kenntnis zu nehmen und sie durch die staatliche Politik und in der Öffentlichkeit zu unterstützen. Für uns ist eine solidarische Lebensweise demnach nicht nur eine, die „von unten" kommt. Bottom-up ist wichtig, doch es braucht die Absicherung, unter Umständen auch das aktive Anstoßen alternativer Lebens- und Konsummöglichkeiten durch Staaten, Gesetze, Finanzen und auch Großunternehmen. Das meine ich nicht im Sinne von Greenwashing, sondern im gesellschaftspolitischen Sinne: Staaten und große Unternehmen müssen bereit sein, im Sinne einer solidarischen Lebensweise ihr eigenes Geschäftsmodell in Frage zu stellen. Wieder am Beispiel der Autoindustrie hieße das, aus dieser Stück für Stück auszusteigen und nicht einfach nur die Antriebstechnik umzustellen. Eine solidarische Möglichkeit dafür wäre, dass es Förderungen für Unternehmen gibt, um in andere Bereiche zu investieren, sodass sie auch Beschäftigten eine Alternative bieten können.

*Anhand Ihrer Ausführungen zeichnet sich ein Verhältnis verschiedener Akteur*innen ab: zwischen Individuum und Gesellschaft bzw. zwischen Zivilgesellschaft und staatlicher Politik. An dieser Stelle können wir politische Bildungsprozesse ins Spiel bringen, die über individuelle Bewusstseinsbildung weit hinausgehen können.*
Ich möchte diesen Punkt unterstreichen: Es braucht subjektive Voraussetzungen, sich in diesen Strukturen der imperialen Lebensweise angemessen zu bewegen und eigene Spielräume auszuloten. Gleichzeitig haben wir in der Nachhaltigkeitsdiskussion eine starke Tendenz, die Verantwortung zu individualisieren, das heißt, auf die Konsument*innen

abzuwälzen. Die kollektive Dimension wird allzu oft ausgelassen. Doch das Individuum ist keine autonome Monade, sondern agiert in Strukturen und oft kollektiv.

Welche Rolle kann die politische Erwachsenenbildung in diesem Wechselspiel zwischen individueller Bildung und gesellschaftspolitischer Verantwortung spielen?
Damit wären wir beim alten und hochaktuellen Programm der Aufklärung: bei kritischem Denken, bei Mündigkeit und bei einem Verständnis von gesellschaftlichen Mechanismen wie etwa der imperialen Lebensweise. Dieses Verständnis kann über Angebote der politischen Bildung hergestellt werden. Die Konsequenz daraus wäre aber nicht eine Moralisierung, sondern die Herstellung von kritischem Denken und Handlungsfähigkeit – klassische Topoi der politischen Bildung. Es geht dabei um die Bereitstellung von Reflexionsmöglichkeiten, Wissen und Interpretationsangeboten.
Diese Reflexivität, also das Nachdenken über die Verhältnisse und sich damit in Beziehung zu setzen, ist auch im Bereich der Professionalität zentral, sei es im Berufsalltag, im Ehrenamt oder im politischen Engagement. Nicht nur im Privatbereich oder in unserer Rolle als Konsument*innen ist Veränderung möglich und notwendig, sondern auch in dem Feld, in dem wir beruflich und gegebenenfalls politisch agieren. Am Beispiel von Bildungsarbeiter*innen ist das offensichtlich. Dort geht es dann unter anderem darum, neue Lehrinhalte auszuprobieren und beispielsweise die imperiale Lebensweise zum Thema zu machen[2]. Aber auch Büroangestellte können nach Handlungsspielräumen Ausschau halten und sich fragen: Wie kann ich im Berufsalltag nachhaltiger handeln? Kann ich Büroabläufe kritisieren und verändern? Ist vielleicht sogar eine Kritik am Geschäftsmodell meines Unternehmens möglich?

Welche gesellschafts- und bildungspolitischen Rahmenbedingungen bräuchte dieses emanzipatorische Bildungsverständnis, um in der Praxis wirksam zu werden?
Auf der Ebene des Kollektiven wäre es Voraussetzung, dass es Bildungsinstitutionen gibt, die diese Problematiken ernst nehmen und dementsprechende

---

2 Beispielsweise wurde die imperiale Lebensweise in diesen Ideen und Materialien zur politisch-kulturellen Bildung thematisiert: https://www.globaleslernen.de/sites/default/files/files/education-material/emde_2021_-_uber_die_urbanen_monster_einer_imperialen_lebensweise.pdf

Lernorte und -möglichkeiten anbieten. Das hieße auch, über „globales Lernen" oder „Bildung für nachhaltige Entwicklung" hinauszugehen, da diese Konzepte oft zu einem modernisierten Entwicklungsdiskurs inklusive dessen Paternalismus tendieren. Sie thematisieren kaum die imperiale Lebensweise und rütteln damit auch nicht an deren Struktur. Eine emanzipatorische politische Bildung müsste demgegenüber jene Kompetenzaneignung ermöglichen, die über oberflächliche Handlungsprinzipien hinaus „ans Eingemachte" geht.

Schließlich ist auch eine gesellschaftliche Stimmung des kulturellen Aufbruchs notwendig. Die gab es beispielsweise in den 1970ern, wo gesellschaftliche und bildungspolitische Diskurse sich in Richtung Öffnung und Problembewusstsein verschoben und sich Bildungsakteur*innen ermuntert fühlten, anders zu handeln. Diese Aufbruchstimmung blitzte 2019 mit den starken Mobilisierungen der Bewegung für Klimagerechtigkeit kurz auf, ist gegenwärtig aber schwer vorstellbar, weil alles so dystopisch wirkt: Corona, Klima, Krieg. Es braucht aber dringend eine gesellschaftliche Atmosphäre, in der Menschen sagen können: Wir wollen den Unterschied machen! Diese Ideen müssen nach vorne weisen und mit einer emanzipatorischen und befreienden Perspektive verbunden werden. Denn sonst lassen wir uns, wie Adorno sagte, von den Verhältnissen dumm machen.

*Wie schätzen Sie die Rolle zivilgesellschaftlicher Akteur*innen für die Herstellung einer solchen Aufbruchstimmung ein?*
In der Tradition von Antonio Gramsci ist die Zivilgesellschaft für mich der Ort, an dem um Hegemonie gerungen wird und wo Menschen auch herrschaftlichen, ausbeuterischen und zerstörerischen Verhältnissen zustimmen. Und da geht es ja zurzeit genau in diese Richtung, nämlich in Richtung Militarisierung, Querdenker*innentum usw. Wir müssen uns also fragen, wo die progressiven Aufbrüche in der Zivilgesellschaft zu finden sind. Ich sehe progressive Aufbrüche in Protestbewegungen wie Fridays for Future, in den Protesten gegen den Ukraine-Krieg, aber auch in solidarischen Praxen während der Pandemie.

Und was bräuchte es nun an Rahmenbedingungen, damit solidarische Proteste und Praxen auch über den konkreten Anlassfall hinaus die Gesellschaft nachhaltig zu verändern vermögen?
Eine erfolgreiche Bewegung für die solidarische Lebensweise braucht auch so etwas wie eine Protest- oder Bewegungsinfrastruktur, zum Beispiel NGOs. In der Umweltbewegung beispielsweise transportieren NGOs Erfahrung und Wissen, sind Orte der Professionalisierung. Darüber hinaus brauchen wir Menschen, die sich zusammenschließen und alternative Landwirtschaft betreiben, einen Fahrradladen aufmachen oder in größeren Betrieben sinnvolle und ökologische Produkte unter sozialen Bedingungen produzieren. Das sind Menschen, die ihre Lebenszeit, ihre Arbeitskraft und Energie für die Verstetigung von Alternativen zur imperialen Lebensweise geben.

Sie machen sich durchgängig für eine kollektive Dimension bzw. eine Forderung nach Kollektivierung stark. Meine letzte Frage liegt daher nahe: Welche Rolle spielt gesellschaftliches Lernen Ihrer Ansicht nach für die geschilderten Veränderungsprozesse?
Die Voraussetzung, dass Menschen protestieren, hängt durchaus mit Bildungsprozessen zusammen. Damit meine ich nicht unbedingt formale Bildung, sondern die Herausbildung eines kritischen Weltverständnisses, das den Unmut an den Verhältnissen einordnen hilft. Für viele Menschen ist Protest bis heute etwas Anrüchiges. Es braucht daher im Sinne eines gesellschaftlichen Lernens eine kulturelle Ermutigung, für Alternativen und gegen Projekte wie den Lobautunnel einzustehen. Das ist gerade in einer so autoritären Gesellschaft wie der österreichischen nicht selbstverständlich. Dazu können wir in der Bildung beitragen. Ich als Hochschullehrender rufe meine Studierenden natürlich nicht direkt auf, sich am Protest zu beteiligen. Aber ich kann sie darin bestärken, mutig und selbstbestimmt zu denken und zu handeln. Was sie dann damit machen, ist ihre Angelegenheit.

Schließlich ermöglichen Proteste selbst gesellschaftliches Lernen. Wir hätten eine gänzlich andere klimapolitische Debatte, hätte es die Bewegung für Klimagerechtigkeit und insbesondere die Fridays for Future nicht gegeben. Auf wissenschaftlicher Ebene und in Fachdebatten ist die Klimakrise längst entschieden. Aber ein Politikum und damit gesellschaftlich verhandelbar ist sie erst seit den Mobilisierungen. Die Grünen Parteien, die ja auch aus der Tradition kommen, haben meines Erachtens eher entpolitisierend gewirkt mit der Message: „Wir in der Regierung machen das schon (für euch)." Proteste und Bewegungen sind folglich zentral für gesellschaftliche Lernprozesse, da sie die gesellschaftliche Debatte lostreten können, weil sie Kritik und Alternativen anzeigen, die sonst in der breiten Öffentlichkeit unsichtbar blieben. Und diesen Punkt würde ich immer stark machen: Dass wir formales, individuelles Lernen nicht überschätzen und stattdessen Lernen als gesellschaftlichen Lernprozess weiterdenken.

Vielen Dank für das Gespräch!

Literatur

Brand, Ulrich (2020): Post-Wachstum und Gegen-Hegemonie. Klimastreiks und Alternativen zur imperialen Lebensweise. Hamburg: VSA.

Brand, Ulrich/Wissen, Markus (2017): Imperiale Lebensweise: Zur Ausbeutung von Mensch und Natur im globalen Kapitalismus. München: oekom.

Schulheft Nr. 186 [im Erscheinen]: Imperiale Lebensweise. Online: https://schulheft.at

Simone Müller, MA BA

simone.mueller@uni-graz.at
https://bildungsforschung.uni-graz.at
+43 (0)316 380-3836

Simone Müller ist Universitätsassistentin am Arbeitsbereich Bildungstheorie und Schulforschung an der Universität Graz. Zuvor war sie in der Erwachsenenbildung tätig. Ihre aktuelle Forschung ist an den Schnittstellen von kritischer Bildungs- und Gesellschaftstheorie sowie Epistemologie angesiedelt. Thema ihrer Dissertation ist die Problematisierung bildungstheoretischer Grundlagen wie etwa des Mensch-Anderen-Verhältnisses mithilfe grenzüberschreitender Theoriebildung. Weiters interessiert sie sich für ökofeministische Ansätze und deren Radikalisierung im Posthumanismus.

For an Emancipatory Perspective on Political Education

A conversation with Ulrich Brand on transformation
to a way of life based on solidarity

Abstract

Contemporary diagnoses of society generally turn out to be dystopian: Coronavirus, climate and war point to crises and catastrophes on a global scale. In a detailed interview with educational scientist Simone Müller, political scientist Ulrich Brand argues that these crises are related to an imperial way of life involving relationships of exploitation and inequality that span the globe. This is to be contrasted with a way of life based on solidarity that must be learned individually and socioeconomically as well as promoted and safeguarded politically. This way of life opens up a perspective for the future that is oriented to a topos central to political education: emancipation. So that circumstances do not defeat us but may be experienced as malleable, learning spaces and places must be created in which independent thought and social criticism are possible. Also necessary is a social environment of awakening that encourages championing change and alternatives.

Die Querdenker*innen als Herausforderung

Erwachsenenbildnerische Reflexionen für eine gelingende politische Bildung

Martin Haselwanter und Bernd Lederer

Haselwanter, Martin/Lederer, Bernd (2022): Die Querdenker*innen als Herausforderung.
Erwachsenenbildnerische Reflexionen für eine gelingende politische Bildung. In:
Magazin erwachsenenbildung.at. Das Fachmedium für Forschung, Praxis und Diskurs.
Ausgabe 46, 2022. Online: https://erwachsenenbildung.at/magazin/ausgabe-46.

Schlagworte: Querdenker*innen, Verschwörungstheorien, Abwertungserfahrungen, politische Erwachsenenbildung

Abstract

Als „Querdenker*innen" werden gemeinhin Protagonist*innen jener Protestbewegung bezeichnet, die sich seit dem Frühjahr 2020 gegen die Maßnahmen zur Eindämmung der Corona-
Pandemie formierte. Die Bewegung ist heterogen und tendiert politisch nach rechts. Sie hat
nicht nur mit der Pandemie zu tun, sondern ist eine neue Art Lebensreformbewegung, die
gekennzeichnet ist von einer Aversion gegen die Zumutungen, Zwänge und Entfremdungen der
Moderne, gegen wissenschaftliche Rationalität und technokratische Bürokratie. Sie stellt die
demokratische Gesellschaft und damit gleichermaßen die politische Bildung vor beträchtliche
Herausforderungen: Zu befürchten sind ein weiterer Zuwachs demokratiefeindlicher Dynamiken und ein Ausdehnen der extremistischen Diskurse bis in die Mitte der Gesellschaft hinein.
Um dem entgegenzuwirken, braucht es politische Bildung im Sinne politischer Aufklärung, die
Erwachsenen das politische System grundlegend näherbringt und gesellschaftliche Zusammenhänge reflektiert, die Grundlagen von Quellenkritik und die Orientierung an wissenschaftlichen Fakten vermittelt und beim „Streiten lernen" unterstützt. Eine derartige politische Bildung muss selbst medienpädagogisch grundiert und mit unterschiedlichen Medienakteur*innen
vernetzt sein. (Red.)

Die Querdenker*innen als Herausforderung

Erwachsenenbildnerische Reflexionen für eine gelingende politische Bildung

Martin Haselwanter[1] **und Bernd Lederer**

Es ist eine überaus diverse Mixtur politisch-weltanschaulicher Positionen, die sich unter der Bezeichnung Querdenker*innen subsumieren lassen und die sich aus Kritik an den Maßnahmen zur Eindämmung der Corona-Pandemie zusammenfanden.

Österreichflaggen, Schilder der QAnon-Bewegung sowie patriotische und verschwörungstheoretische[2] Narrative präg(t)en die Bewegung ebenso wie besorgte Eltern, Impfgegner*innen, Evangelikale, Befürworter*innen alternativer Heilmethoden oder Unternehmer*innen wie auch Bürger*innen, die *„um ihre Grundrechte oder autoritäre Tendenzen fürchten und für einen diffusen Freiheitsbegriff einstehen"* (Brunner et al. 2021a, S. 5).

Laut einer die österreichische Bevölkerung repräsentativ abbildenden Studie (das Austria Corona Panel Project, ACPP) gaben im November 2021 15 % der Befragten an, dass sie an einer Demonstration gegen die Maßnahmen *„auch selbst teilnehmen würden"* (Eberl/Lebernegg 2021, o.S.).

Vor allem sich ausbreitende (verschwörungstheoretische, wissenschaftsfeindliche oder auch antisolidarische) Versatzstücke ihrer Ideologie, aber auch Dynamiken, die als mögliche Ursache ihrer

Konstitution ausgemacht werden können (z.B. Erfahrungen der Abwertung), stellen die demokratische Gesellschaft und damit gleichermaßen die politische Bildung vor beträchtliche Herausforderungen.

Mit dem Ziel, aus diesen Herausforderungen Schlussfolgerungen für die politische Erwachsenenbildung abzuleiten, wird im vorliegenden Beitrag zunächst auf die Bewegung der Querdenker*innen eingegangen und nach den sie befördernden Entwicklungen gefragt. In weiterer Folge steht die Frage informeller Lern- und Bildungsprozesse innerhalb der Bewegung im Mittelpunkt. Aus der vorausgehenden Auseinandersetzung resultierende Schlüsse für die politische Bildung werden abschließend diskutiert.

Die Querdenker*innen

Unter der Bezeichnung „Querdenken-711" entstand zunächst in Stuttgart die bis heute wohl bekannteste

---

1   Martin Haselwanter war korrespondierender Autor des vorliegenden Beitrags.
2   Michael Butter (2021, S. 6f.) folgend, wird im gesamten Beitrag auf den Begriff „Verschwörungstheorie" rekurriert.

Initiative gegen die Corona-Maßnahmen bzw. gegen
eine Politik, die Maßnahmen des Gesundheitsschut-
zes und der Seuchenprävention priorisiert und sich
hierfür auf wissenschaftliche Expertise stützt[3] (siehe
Belghaus 2021). Aus der medialen Berichterstattung
dazu resultierte die nunmehr gängige Zuschreibung
„Querdenker*innen".

In Österreich begannen die Protestaktionen gegen
die „Corona-Politik" im April 2020, als während
der ersten Welle der Pandemie Ausgangssperren
staatlich verordnet worden und Schulen und Universitäten auf Fernunterricht umgestellt worden
waren (vgl. Brunner et al. 2021a, S. 5).

Eine quantitative Untersuchung[4] der Forschungswerkstatt Corona-Proteste (siehe Brunner et al.
2021a) bestätigt die Heterogenität der Szene und
belegt, wie auch Daten aus dem ACPP (siehe Eberl/
Lebernegg 2021), eine politische Tendenz nach
rechts.[5] Die Wissenschafter*innen der Forschungswerkstatt halten in einer Aussendung fest, dass es
sich um eine Protestbewegung handle, die stark
von Frauen (64,1%) geprägt ist und an der im Verhältnis zur Gesamtbevölkerung überproportional
viele freiberufliche bzw. selbstständig Beschäftigte
wie auch Menschen mit hohem Bildungsabschluss
partizipieren. Weiters heißt es: „*Das politische Profil
der Protestierenden setzt sich überwiegend aus drei
Lagern zusammen: 30,2% der Befragten gaben an,
bei der letzten Nationalratswahl die FPÖ, 20,5%
die Grünen und 20,2% die ÖVP gewählt zu haben.
Nach der künftigen Wahlentscheidung gefragt,
zeichnet sich ein deutlicher Ruck nach rechts ab:
56,7% würden demnach die FPÖ wählen*" (Brunner
et al. 2021b, o.S.)[6].

Die verhängten Maßnahmen zur Eindämmung der
Corona-Pandemie wurden von den Befragten fast
einhellig abgelehnt und als überwiegend unwirksam

(93,2%) bezeichnet. Zudem herrschte die Meinung
vor, dass „*das Coronavirus nicht gefährlicher als
eine herkömmliche Grippe sei (78,6%). Weit verbreitet sind ferner Verschwörungsnarrative bspw.
rund um die Regierung, die Corona zur Kontrolle
und Überwachung der Bevölkerung ausnutze (89,1%)
sowie esoterisches Denken [...] Schließlich findet das
populistische Klagen über eine Regierung, die der
Bevölkerung die Wahrheit verschweige (84,7%) und
das Volk bevormunde (97,3%) unter den Befragten
weite Verbreitung.*" (ebd.)

Zur Relevanz von Verschwörungstheorien

Ähnlich der Forschungswerkstatt und dem ACPP
(siehe Eberl/Lebernegg 2021) geht die Bundesstelle
für Sektenfragen (2021a, S. 5) davon aus, dass die
Querdenker*innen-Szene „*auch stark von verschwörungstheoretischen Inhalten*" geprägt sei.
„*Verschwörungstheorien behaupten, dass mächtige
Akteure hinter den Kulissen einen perfiden Plan verfolgen und deshalb die Geschehnisse manipulieren*"
(Butter 2021, S. 4f.).

Die Beweisführung für die jeweilige „Verschwörung"
ist dabei höchst selektiv und unwissenschaftlich
– u.a. wird alles ausgeblendet, was die jeweilige
Behauptung nicht unterstützt (vgl. ebd., S. 5). In
Bezug auf die Covid-19-Pandemie dreh(t)en sich
Verschwörungstheorien beispielsweise um Bill
Gates, der angeblich per Impfung Mikrochips
habe implantieren wollen, oder um eine globale
Finanzelite, die die Pandemie geplant hätte, um
mittels eines „Great Reset" eine neue Weltordnung
zu installieren (vgl. Bundesstelle für Sektenfragen
2021a, S. 23ff. u. S. 32).

Zwar beteilig(t)en sich bei den Querdenker*innen
auch   Menschen,   die   sich   keiner

---

3   Zwar nicht en détail, aber grosso modo wird eine solche Politik auch von den Autoren dieses Beitrags befürwortet.

4   Der Fragebogen wurde in einschlägigen Telegram-Gruppen mit Österreichbezug zu Beginn des Jahres 2021 lanciert. 1.118 Personen
    haben ihn aufgerufen und den soziodemografischen Teil beantwortet. Bei den Folgefragen kam es zu einem (nicht unüblichen)
    Wegfall von Teilnehmenden. „*Die ersten geschlossenen Einstellungsfragen und den weiteren Fragebogen haben 697 Personen
    ausgefüllt.*" (Vgl. Brunner et al. 2021a, S. 7f.)

5   Die Forscher*innen vermuten zudem, dass die organisierte rechtsextreme Szene – als eine Gruppe, die die großen Demonstratio-
    nen mitgeprägt hat – „*womöglich nicht an unserer Umfrage teilgenommen hat*" (vgl. Brunner et al. 2021a, S. 55).

6   Die Partei MFG (Menschen Freiheit Grundrechte) befand sich zum Zeitpunkt der Umfrage erst in ihrer Gründungsphase. Unter
    Einbeziehung von Daten aus dem November 2021 wird im ACPP die politische Präferenz folgendermaßen skizziert: „*Die größte
    Unterstützung für die Demonstrationen (37%) gibt es seitens Personen, die 2019 die FPÖ gewählt haben bzw. Personen, die derzeit
    angeben, FPÖ (50%) oder MFG (82%) wählen zu wollen*" (Eberl/Lebernegg 2021, o.S.).

verschwörungstheoretischen Argumentationsmuster bedienen. *„Sie wurden jedoch häufig von jenen übertönt, die durch den Bezug auf Verschwörungstheorien mehr Aufmerksamkeit erlangten"* (Bundesstelle für Sektenfragen 2021b, S. 83). Im „Forschungsjournal Soziale Bewegungen" etwa wird ein Vermischen der *„Kritik an einzelnen Maßnahmen mit Verschwörungsnarrativen"* (Mayer et al. 2021, S. 184) im Rahmen der Proteste konstatiert.

Die wenigsten Verschwörungstheorien um Corona sind dabei völlig neu. Vielmehr wird auf Theorien *„aufgebaut, die schon länger in Umlauf sind"* (Beratungsstelleextremismus.at 2020, S. 6).

Generell ist Wähler*innen rechter oder rechtsextremer Parteien eine höhere Anfälligkeit zu attestieren (vgl. ebd., S. 7). Auch antisemitische Elemente sind diesbezüglich von Relevanz (vgl. ebd., S. 3; Bundesstelle für Sektenfragen 2021b, S. 86), jedoch nicht jede Verschwörungstheorie ist per se antisemitisch (siehe Butter 2020).

Ein Ende der Bewegung?

Zwar erfuhr die Bewegung im November 2021 – mit der Ankündigung der Einführung einer Impfpflicht – einen Schub. Jedoch scheint u.a. mit Blick auf die jüngsten Varianten des Virus mittelfristig ein Ausklingen der Pandemie zumindest realistisch. Aber würde dies ein Ende der Querdenker*innen bedeuten? Wir meinen: mitnichten!

Vielmehr werden Versatzstücke eines vergleichbaren Agierens auch nach ihrer Formierung am Widerstand „gegen Corona" in politischen Auseinandersetzungen ideologisch, personell und organisatorisch in Erscheinung treten. Der Verfassungsschutz Nordrhein-Westfalen etwa betont in seinem „Sonderbericht zu Verschwörungsmythen und ‚Corona-Leugnern'" (2021), dass die Maßnahmen zur Eindämmung des Virus nicht als alleiniger Grund für den Unmut überbewertet werden dürften. Vielmehr sei es die wachsende Unzufriedenheit mit bestimmten gesellschaftlichen Entwicklungen (und

die Möglichkeiten ihrer Multiplikation in sozialen Netzwerken, wie hinzuzufügen ist), die sich in Gestalt eines Zuwachses demokratiefeindlicher Dynamiken seit gut zwei Jahrzehnten verdeutlicht.[7] Zu befürchten sei ein Ausdehnen der extremistischen Diskurse bis in die Mitte der Gesellschaft hinein. (Vgl. Ministerium des Innern des Landes Nordrhein-Westfalen 2021, S. 3ff.)

Vergleichbar geht die österreichische Bundesstelle für Sektenfragen in ihrem Bericht „Das Phänomen Verschwörungstheorien in Zeiten der COVID-19 Pandemie" (2021a, S. 14) davon aus, dass Verschwörungstheorien zwar *„zum Teil extremer und aus einer neutralen Außensicht bizarrer werden"*, sich jedoch *„in Richtung Mitte der Gesellschaft zu bewegen scheinen"*. Hinsichtlich gesellschaftspolitischer Auswirkungen ist wohl die niedrige Impfquote eines der sichtbarsten Abbilder nicht nur der Wirkmächtigkeit wissenschaftsfeindlich-querdenkerischer Positionen, sondern auch einer mangelhaften Kommunikation der Regierung.

Gesellschaftliche Triebkräfte – ein Erklärungsversuch

Vordergründig war (ist) die gemeinsame Basis der Querdenker*innen der Widerstand gegen die Maßnahmen zur Eindämmung der Corona-Pandemie. In erweiterten Sinne kann zudem ein nicht selten bis zu Hass reichendes Unbehagen gegen den Staat, die herrschende Politik, das demokratische Gemeinwesen, pluralistische Vernunftdiskurse wie auch (etablierte) Medien und die Wissenschaft im Allgemeinen konstatiert werden.

Eine mögliche Lesart dieser heterogenen „Querfront" ist, sie als einen antimodernen Reboundeffect zu erfassen, als einen Reflex gegen die Zumutungen der (post- bzw. spätindustriellen) Moderne und des sich in ihr vollziehenden Strukturwandels der Arbeitswelt, wie auch als Reflex gegen kulturelle Modernisierungsdynamiken. Es entsteht sozusagen eine neue Art Lebensreformbewegung, die, ähnlich dem historischen Original aus der Zeit der

---

7   Der Bewegungsforscher Simon Teune (2021, S. 332) spricht in Bezug auf Querdenker*innen von einem Déjà-vu und dass kein zentraler Mechanismus völlig neu sei (z.B. die Heterogenität, die sich etwa in der Zusammenarbeit rechter und – ihrem Selbstverständnis nach – linker Teilnehmer*innen verdeutlicht, oder auch die Relevanz konspirativer Ideen).

vorletzten Jahrhundertwende, gekennzeichnet ist von Aversion gegen die Zumutungen, Zwänge und Entfremdungen der Moderne, gegen wissenschaftliche Rationalität, technokratische Bürokratie etc.

Katalysiert durch den Brexit und die Wahl Donald Trumps hat die Populismusforschung längst herausgearbeitet, dass es sich bei Anhänger*innen autoritärer Politikangebote – zu denen letzten Endes auch eine Mehrheit der Querdenker*innen zu zählen ist – keineswegs überwiegend um Modernisierungsverlierer*innen im ökonomischen Sinne handelt. Vielmehr geht es um Personen, die sich auf einer soziokulturellen psychomentalen Ebene übergangen und – im Wortsinn – ungehört empfinden.

Andreas Reckwitz hat in seinem Buch „Die Gesellschaft der Singularitäten" (2017) als Ursache dieses empfundenen Übergangen-worden-Seins eine fehlende kulturelle Anerkennung bestimmter Milieus ausgemacht, die sich in ihrer Arbeits- und Lebensleistung unzureichend honoriert wähnen. Jedoch geht es dabei eben nicht nur um Lohn, Gehalt und Sozialleistungsansprüche, sondern auch um Lebensentwürfe und -praktiken, die in einer Gesellschaft der Selbstinszenierung als unattraktiv gelesen werden. Es geht um Menschen, deren Jobs, Lebensmittelpunkte und kulturelle Orientierungen von liberalen Meinungsbildner*innen als unzeitgemäß oder anstößig abgewertet werden. Dies, so Reckwitz, *„verdichtet sich zu Gefühlen der kulturellen Abwertung und Defensive: Man war mal Mitte und Maß – heute ist man nur noch Mittelmaß. [...] Für all die Frustrationen und Kränkungserfahrungen, die sich in dieser alten Mittelklasse ausbreiten, öffnet der Rechtspopulismus* [und ein beträchtlicher Teil der Querdenker*innen tendiert auch qua deren libertär-antisolidarischer Einstellungen dorthin; Anm. d. Verf.] *so etwas wie einen radikalisierten politischen Resonanzraum"* (Reckwitz zit.n. Gerwin 2019, o.S.). Nach Corona, so ist zu erwarten, werden sich dergleichen Abwertungserfahrungen – in ökonomischer, mitunter aber mehr noch in soziokultureller Hinsicht – auch weiterhin politisch Ausdruck verschaffen. Zusammen mit den Radikalisierungsdynamiken und Desinformationspotentialen des Internets (wie sie etwa Shoshana Zuboff schon 2018 erläuterte) verdeutlichte sich dies im Frühjahr 2022 etwa anhand der Zustimmung vieler

Querdenker*innen zum russischen Angriffskrieg auf die Ukraine (siehe Kagermeier 2022; Krb 2022). Beachtenswert ist zudem, was die taz (tageszeitung) als eine der ersten Medien bereits im Sommer 2021 als zentrales und international verbindendes Post-Corona-Thema prognostizierte, nämlich die „Klimalüge" und einen etwaigen „Klimalockdown" (siehe Belghaus 2021).

Informelle Bildung und informelles Lernen

Mit der Frage nach informellen Lern- und Bildungsprozessen im Rahmen der Querdenker*innen soll nicht nur ein weiteres und abschließendes Moment einer Charakterisierung erfolgen, sondern gleichermaßen zu den Schlussfolgerungen für die politische Erwachsenenbildung übergeleitet werden.

Zwar werden in Diskursen um informelle Bildung und informelles Lernen die Begriffe „Bildung" und „Lernen" nicht voneinander unterschieden (vgl. Täubig 2018, S. 414). Doch möchten wir, trotz eines überdurchschnittlich hohen formalen Bildungsgrads, die die Forschungswerkstatt Bewegungsprotagonist*innen attestiert, keineswegs den Bildungsbegriff für Entwicklungen im Kontext der Querdenker*innen akzentuieren.

Die Intention einer reflexiven Welt- und Selbsterkenntnis ist zentrales Moment von Bildung (vgl. Lederer 2014, S. 141f; Ö-Cert-Geschäftsstelle 2020, S. 12). Mitnichten wird jedoch seitens der Querdenker*innen die eigene Position oder jene von „Expert*innen", auf die sie sich berufen, (ausreichend) reflektiert oder gar kritisch betrachtet. Gewissermaßen kompensatorisch und in Wechselwirkung mit einem *„massiven Wiederaufkommen eines Willens zum Nichtwissen"* (Žižek 2021, S. 115), das die Weigerung beinhaltet, die Pandemie ernst zu nehmen, werden im Sinne einer „epistemischen Selbstermächtigung" individuelle Gefühlslagen und Überzeugungen über Fakten gestellt bzw. selbige dem eigenen Weltbild angepasst. Ein Abwägen unterschiedlicher Positionen oder auch wissenschaftliche Überprüfung wird somit verunmöglicht. Johannes Pantenburg, Sven Reichardt und Benedikt Sepp (2021, S. 24) schreiben dazu: *„Die Protestierenden ermächtigen sich selbst dazu, einen fortlaufenden*

und komplexen epidemiologischen und virologi-
schen Forschungsdiskurs einschätzen und als falsch
widerlegen zu können. Dabei sind ‚Hausverstand'
und persönliches Erfahrungswissen gängige Argu-
mentationsgrundlagen, nach denen beispielsweise
das Immunsystem, ein gesunder Lebensstil und eine
entsprechende Ernährung ausreichenden Schutz
gegen das Virus böten." (Pantenburg/Reichardt/Sepp
2021, S. 24)

Lernen verstanden als *„Änderung des Verhaltens*
aufgrund gewonnener Erfahrungen" (Lederer 2013,
S. 15) erachten wir im Rahmen des Engagements
bei den Querdenker*innen dagegen durchaus als
möglich. Man denke nur an die Aneignung organi-
satorischer Fähigkeiten, die Vertiefung praktischer
Kenntnisse in Bezug auf Soziale Medien oder auch
die Verbesserung kommunikativer Kompetenzen.
Und auch ein etwaiges, fortgesetztes Umgehen
präventiver Sicherheitsmaßnahmen hat durchaus
etwas mit „Lernen" zu tun.

Hiervon strikt zu unterscheiden sind indes Fragen
der Bildung, äußert sich diese doch in Ergänzung zur
Reflexivitätsbereitschaft immer auch, mit Wolfgang
Klafki (1996, S. 52) sprechend, neben der Fähigkeit zu
Selbst- und Mitbestimmung in Solidaritätsfähigkeit.[8]

Erwachsenenbildnerische Reflexionen

Basierend auf den bisherigen Annäherungen an
die Szene der Querdenker*innen möchten wir nun
Schlussfolgerungen skizzieren, die für ein zeitge-
mäßes Verständnis politischer Erwachsenenbildung
(und mit wenigen Abstrichen auch für die Erwachsenenbildung im Allgemeinen) von Relevanz sind.

Adressat*innen

Mit der Charakterisierung der Querdenker*innen als
Bewegung, in der zwar Lern-, aber keine Bildungsprozesse möglich sind – Vergleichbares gilt auch für
andere Formen von politisch-weltanschaulichem
Extremismus, seien es Islamismus und Rechtsextremismus, dogmatische Sekten oder christliche
Fundamentalismen –, verdeutlicht sich, warum

sich politische Bildung nicht an den inneren Kern
der Querdenker*innen wenden kann: Rationale
Gegenargumente und die Diskussion von Fakten
– zwei zentrale Momente nahezu jeder Bildungsver-
anstaltung – sind hier, Klaus-Peter Hufer (2021, S. 33)
folgend, nicht möglich. Hufer räumt aber auch ein:
„Aber es werden sich einige, die bei den Demonstra-
tionen gegen Corona-Regelungen mitlaufen, durch
plausible Argumente und emphatische Sichtweisen
zumindest irritieren, vielleicht sogar überzeugen
lassen" (ebd.). Hinzu kommen jene, die aufgrund
des Agierens der Querdenker*innen empört und
verärgert sind und plausible Antworten suchen. Das
heißt: *„Die Unentschiedenen und diejenigen, die wi-*
*dersprechen wollen, sind Adressat*innen politischer*
Bildung" (ebd.). Und selbstverständlich ebenso alle
anderen an Bildungsangeboten Interessierten.

Politische Aufklärung

Zentrales Versatzstück querdenkerischer Positionen
ist ein Misstrauen gegenüber staatlicher Politik im
Allgemeinen und der Regierung, dem Parlament,
den Parteien und der EU im Besonderen (vgl.
Brunner et al. 2021a, S. 37f.). Damit einhergehend
werden Maßnahmen gegen die Pandemie nicht nur
als überzogen, sondern auch als willkürlich und
unwirksam tituliert. *„Dementsprechend wird die*
Problemlösungskompetenz nicht bei der Politik
gesehen, sondern allenfalls im eigenen Verhalten"
(ebd., S. 31).

Letzten Endes wird durch diese libertär-individualis-
tische Fokussierung einer Entpolitisierung Vorschub
geleistet, da die Sinnhaftigkeit allgemein verbindli-
cher Entscheidungen, die eine zentrale Zielsetzung
von Politik sind (vgl. Ucakar/Gschiegl/Jenny 2017,
S. 11), bis zu einem gewissen Grade negiert wird.

Daraus resultiert, dass es eine zentrale Aufgabe
politischer Bildung sein müsste, sich inhaltlich
damit zu beschäftigen, was (nicht nur) seitens der
Bewegungsprotagonist*innen kontrovers diskutiert
wurde und wird (etwa Fragen nach den Aufgaben
politischer Institutionen oder dem Verhältnis zwischen Individualinteressen und gesamtgesellschaft-
lichem Bürger*innensinn, Fragen nach neoliberalen

---

8 Vertiefende Ausführungen (oder gar anderslautende Interpretationen) bezüglich Unterschieden zwischen dem Bildungs- und
   Lernbegriff können aus Platzgründen hier nicht vorgenommen werden.

Implikationen der Pandemie, nach dem Pflege-notstand etc.). Zusammengefasst: Vonnöten sind Aufklärungsprogramme, die allen Erwachsenen das politische System grundlegend näherbringen sowie eine Reflexion gesellschaftlicher Zusammenhänge ermöglichen.

Wissenschaftsorientierung

Aufgrund der Tatsache, dass das skizzierte Miss-trauen gegenüber Staat und Politik mit unterschied-lichen und über das Milieu der Querdenker*innen hinausreichenden Verschwörungstheorien (bzw. Versatzstücken dieser) sowie Wissenschaftsfeind-lichkeit einhergeht (siehe Eberl/Lebernegg 2021), erachten wir auch diesbezüglich entsprechende Schwerpunktsetzungen als notwendig.

Für die politische Erwachsenenbildung bedeutet dies: neben der Vermittlung von Grundlagen quellenkritischer Betrachtungsweisen eine Ori-entierung an wissenschaftlichen Fakten. Ein Good-Practice-Beispiel hierfür ist, neben den „Richtlinien der Österreichischen Volkshochschu-len zum Umgang mit Esoterikangeboten", etwa der „Ö-Cert-Beurteilungsraster für Erwachsenenbil-dungsorganisationen zur Abgrenzung von Erwach-senenbildung im Unterschied zu Therapie/Freizeit/Gesundheit/Esoterik". Explizit wird dort u.a. auf die Relevanz der *„Vermittlung von wissenschaft-lich anerkanntem Wissen"* (Ö-Cert-Geschäftsstelle 2020, S. 12) in Bildungsveranstaltungen hingewiesen. Anbieter*innen von *„Weltverschwörungstheorien"* (ebd., S. 13) werden dezidiert von jenen der Erwach-senenbildung unterschieden.

Zugleich impliziert Wissenschaftsorientierung aber keineswegs, dass wissenschaftliche Erkenntnisse sakrosankt sind. Vielmehr ist darauf hinzuweisen, dass, wie gleichermaßen in Bezug auf das politische (und ökonomische) System oder die Medien, erst auf Grundlage entsprechend fundierter Kenntnisse sowie der Anerkennung von Fakten Kritik plausibel argumentierbar wird.

Medienpädagogische Grundierung

Soziale Medien spielen im Zusammenhang mit den Querdenker*innen eine zentrale Rolle. Im Gegen-satz zu den „etablierten" Medien werden diese von Protagonist*innen weniger skeptisch betrachtet (vgl. Brunner et al. 2021a, S. 38). Die Bundesstelle für Sektenfragen (2021a, S. 13) spricht zudem davon, *„dass Soziale Medien – vor allem Facebook, YouTube und Telegram – eine Art ‚Brandbeschleuniger' für die Verbreitung von Verschwörungstheorien darstellen können."*[9]

Ansgar Klein (2021, S. 24), Geschäftsführer des deutschen Bundesnetzwerks Bürgerschaftliches Engagement, geht davon aus, dass die vielfältigen Nutzungsformen Sozialer Medien und digitaler Kom-munikationsräume für die politische Bildung ein großes Problem darstellen. Seine Einschätzung be-gründet er damit, dass *„unter Missachtung zentraler demokratischer Werte (Toleranz, Menschenrechte, Menschenwürde…) in vor allem selbstbezüglichen Kommunikationsräumen (‚Echoräume') Feindbilder gepflegt, Sündenböcke ausgemacht, irreführende Informationen verbreitet* (Fake News) *und Hass-botschaften* (Hate Speech) *an missliebige Akteure aus Politik und Zivilgesellschaft adressiert werden"* (ebd.; Hervorh. im Original).

Speziell in Bezug auf die Querdenker*innen, aber auch um mediale Botschaften entsprechend einordnen zu können, bedarf es laut Klein (2021, S. 26) *„einer medienpädagogischen Grundierung der politischen Bildung"*. Hierfür verweist er besonders auf die Notwendigkeit von Kooperationen mit un-terschiedlichen Medienakteur*innen. Vergleichbar wird im Dossier „Kritische Medienkompetenz und Community Medien" die Notwendigkeit hervorge-hoben, *„kritische Medienkompetenz in der Erwach-senenbildung als Schlüsselkompetenz"* (Peissl 2018, S. 3) zu begreifen und diesbezüglich mit nichtkom-merziellen Freien Radios und Community-TV-Sendern zusammenzuarbeiten.

Reale Begegnungen ermöglichen

Analoges Zusammenkommen war seit dem Frühjahr 2020, je nach Phase der Pandemie, nur unter (mal mehr, mal weniger) eingeschränkten Bedingungen

---

9   Bernhard Pörksen verweist in seinem programmatischen Werk „Die große Gereiztheit. Wege aus der kollektiven Empörung" (2018) auf unterschiedliche Ansätze einer mündigen Mediennutzung.

möglich gewesen. Zwischenmenschlicher Kontakt hatte sich drastisch reduziert; Protestaktionen der Querdenker*innen boten hier für einige Menschen eine willkommene Abwechslung.

Soziale Medien trugen zur Verbreitung entsprechender Haltungen wie auch zu grundsätzlichen Tendenzen der Abschottung bei. Nachfragen bezüglich strittiger Inhalte oder auch grundlegende Diskussionen waren nur auf den engsten Kreis beschränkt; die realen Möglichkeiten einer Begegnung mit Andersdenkenden begrenzt.

In Bezug auf die Erwachsenenbildung zeigte sich dies etwa darin, dass sich die Zahl der Veranstaltungen von Einrichtungen der Konferenz der Erwachsenenbildung Österreichs (KEBÖ) im Jahr 2020 um 34,7% auf 153.890 (von 235.557 im Jahr 2019) reduzierte (siehe Maiss 2021).

In seiner Stellungnahme „Politische Bildung in ,Corona-Zeiten' und danach – Probleme und Perspektiven" vom 3.5.2021 verweist der deutsche Arbeitskreis Außerschulische politische Jugendbildung und politische Erwachsenenbildung (AJEB) der Gesellschaft für Politikdidaktik und politische Jugend- und Erwachsenenbildung (GPJE) auf die Notwendigkeit echter *„Begegnung von Menschen, getragen von Interaktionen, Emotion und Empathie"* hin. *„Präsenzformate"* – und dem möchten wir uns anschließen – sowie *„[u]nmittelbare Begegnungen in Bildungseinrichtungen und Tagungshäusern sind und bleiben für eine wirkungsvolle politische Bildung grundlegend".* *„„Digitales'"* kann *„nur ein Zusatz und kein Ersatz sein."*[10]

Die Notwendigkeit von Austausch und Konfliktaustragung

In seiner Analyse der – neben den Wirtschaftskrisen – „neuen Krisen" in der zweiten Dekade des 21. Jahrhunderts, also der Migrations-, Klima- und Pandemiekrise, pointiert Wolfgang Merkel (2021, S. 6f.) drei Eigenschaften, *„die in einer bestimmten Sequenz miteinander verflochten sind, und die in ihrem Zusammenspiel zu einer Spaltung der demokratischen Gesellschaft beitragen: Szientifizierung,*

Moralisierung und Polarisierung". Ein Resultat dessen ist, dass nicht selten *„Verständigungsbrücken zwischen den Lagern zunehmend"* (ebd., S. 11) niedergerissen und Opponent*innen diskursiver Auseinandersetzungen zu Feinden werden (vgl. ebd.).

In Bezug auf die politische Erwachsenenbildung waren es schon vor Beginn der Corona-Krise Christian Boeser-Schnebel, Karin B. Schnebel und Florian Wenzel (2019, S. 293), die vergleichbar ein *„Auseinanderfallen der gesellschaftlichen Diskursfähigkeit"* monierten und für ein „Streiten lernen", verstanden als friedliches Austragen von Konflikten, plädierten (vgl. ebd., S. 299). Als Fazit benennen die drei Autor*innen Formate, die einen solchen Austausch ermöglichen, als herausfordernde Gelegenheit der Erwachsenenbildung, um *„ihr zentrales Alleinstellungsmerkmal in der Gesellschaft zu betonen: das Bemühen, Menschen unterschiedlicher Milieus, Wertvorstellungen und Überzeugungen in einen konstruktiven Austausch miteinander zu bringen"* (ebd., S. 307).

Dies ist selbstverständlich kein „Allheilmittel" gegen gesellschaftliche Spaltungstendenzen. Jedoch befindet sich im Kern des skizzierten Arguments die Möglichkeit, gesellschaftlichen Triebkräften, die Abwertungserfahrungen und eine Entstehung von relativ geschlossenen Milieus wie jenes der Querdenker*innen begünstigen, durch die Herstellung von Anlässen für wechselseitigen, durchaus auch kontroversen, jedoch notwendigerweise stets respektvollen und Faktizität einfordernden Austausch zu begegnen.

Resümee

Die meisten der dargelegten Schlussfolgerungen lassen sich ohne größeren Aufwand umsetzen und können zudem an schon Vorhandenes andocken: Nicht erst mit Beginn der Pandemie hat die (politische) Erwachsenenbildung die Notwendigkeit einer Entwicklung von Programmen und Angeboten zu Verschwörungstheorien, Medienkompetenz oder dem Austausch mit Andersdenkenden erkannt. Das Aufkommen der Querdenker*innen führte hier

---

10 Nachzulesen ist die gesamt dreiseitige Stellungnahme unter: http://gpje.de/wp-content/uploads/2021/05/GPJE_AJEB_Stellungnahme_Corona_.pdf

zwar zu einem weiteren Schub, grundsätzlich bedarf es darüber hinaus neben einer ausreichenden finanziellen Ausstattung und eines Ausbaus von Strukturen wie auch Fortbildungsmöglichkeiten (vgl. IGPB 2012, S. 3f.; Luksik/Gürses 2019, S. 22) letztlich einer entschiedenen Akzentuierung auf Fragen von Wissenschaftskommunikation im Gedankenduktus der Aufklärung.

Literatur

Belghaus, Nora (2021): Bewegung der Corona-Leugner: Wo denken sie hin? In: taz.de, vom 20.08.2021. Online im Internet: https://taz.de/Bewegung-der-Corona-Leugner/!5790017/ [Stand: 2022-06-06].

Beratungsstelleextremismus.at (2020): Thema „Verschwörungstheorien". Beratungsstelle Extremismus. Online: https://www.beratungsstelleextremismus.at/wp-content/uploads/2021/08/Beratungsstelle_Extremismus_Verschwoerungstheorien.pdf [Stand: 2022-06-06].

Boeser-Schnebel, Christian/Schnebel, Karin B./Wenzel, Florian (2019): Streiten lernen! – Demokratische Begegnungsformate für eine integrative politische Erwachsenenbildung. In: Bildung und Erziehung 3, 2019, S. 293-309.

Bundesstelle für Sektenfragen (2021a): Das Phänomen Verschwörungstheorien in Zeiten der COVID-19-Pandemie. Bericht der Bundesstelle für Sektenfragen an die Bundesministerin für Frauen, Familie, Jugend und Integration. Wien.

Bundesstelle für Sektenfragen (2021b): Tätigkeitsbericht 2020. Bericht der Bundesstelle für Sektenfragen an das Bundeskanzleramt. Berichtszeitraum: 2020. Wien.

Butter, Michael (2020): Antisemitische Verschwörungstheorien in Geschichte und Gegenwart. Bundeszentrale für politische Bildung. Online: https://www.bpb.de/politik/extremismus/antisemitismus/321665/antisemitische-verschwoerungstheorien [Stand: 2022-06-06].

Butter, Michael (2021): Verschwörungstheorien: Eine Einführung. In: Aus Politik und Zeitgeschichte 35-36, 2021, S. 4-11.

Brunner, Markus/Daniel, Antje/Knasmüller, Florian/Maile, Felix/Schadauer, Andreas/Stern, Verena (2021a): Corona-Protest-Report. Narrative – Motive – Einstellungen. Wien. Online: https://osf.io/preprints/socarxiv/25qb3/ [Stand: 2022-06-06].

Brunner, Markus/Daniel, Antje/Knasmüller, Florian/Maile, Felix/Schadauer, Andreas/Stern, Verena (2021b): Quantitativer Survey zu den Corona-Protesten. Online: https://www.ots.at/presseaussendung/OTS_20210804_OTS0015/quantitativer-survey-zu-den-corona-protesten [Stand: 2021-10-13].

Eberl, Jakob-Moritz/Lebernegg, Noëlle S. (2021): Corona-Demonstrant*innen: Rechts, wissenschaftsfeindlich und esoterisch. In: Austrian Corona Panel Project (ACPP), Corona-Blog, Blog 138, vom 23.12.2021. Online: https://viecer.univie.ac.at/corona-blog/corona-blog-beitraege/blog138/ [Stand: 2022-06-06].

Gerwin, Tilman (2019): Rechtspopulismus: Andreas Reckwitz erklärt Europas politische Unruhe. In: stern.de, vom 13.05.2019. Online: https://www.stern.de/gesellschaft/rechtspopulismus--andreas-reckwitz-erklaert-europas-politische-unruhe-8705006.html [Stand: 2022-06-06].

Hufer, Klaus-Peter (2021): Corona und die politische Bildung – durch die Pandemie geschwächt, aber erst recht unverzichtbar. In: Bonner Akademie für Forschung und Lehre praktischer Politik (Hrsg.): Die Bedeutung politischer Bildung für gesellschaftliche Teilhabe. Bonn, S. 29-37.

IGPB (2012): POSITIONSPAPIER zur außerschulischen politischen Bildung in Österreich. Beschluss der IGPB-Generalversammlung vom 02. März 2012. IGPB. Online: https://igpb.at/wp-content/uploads/igpb_positionspapier_AUSSERschulisch.pdf [Stand: 2022-06-06].

Kagermeier, Elisabeth (2022): Warum Querdenker nun prorussische Propaganda verbreiten. In: BR.de, Bayrischer Rundfunk, vom 25.03.2022. Online: https://www.br.de/nachrichten/deutschland-welt/warum-viele-querdenker-nun-prorussische-propaganda-verbreiten,T10vAvf [Stand: 2022-06-06].

Klafki, Wolfgang (1996): Neue Studien zur Bildungstheorie und Didaktik. Zeitgemäße Allgemeinbildung und kritisch-konstruktive Didaktik. Weinheim und Basel: Beltz Verlag.

Klein, Ansgar (2021): Demokratische Öffentlichkeit in Krisenzeiten. Folgen für die Zivilgesellschaft. In: Journal für politische Bildung 1, 2021, S. 22-27.

Krb, Valerie (2022): Warum die Impfgegner jetzt für Putin demonstrieren. In: Kurier, vom 12.03.2022. Online: https://kurier.at/chronik/oesterreich/warum-die-impfgegner-jetzt-fuer-putin-demonstrieren/401935621 [Stand: 2022-06-06].

Lederer, Bernd (2013): Was ist Bildung nicht? Über Ähnliches, aber nicht Gleiches. In: Ders. (Hrsg.): „Bildung": was sie war, ist, sein sollte. Baltmannsweiler: Schneider Verlag Hohengehren, S. 11-56.

Lederer, Bernd (2014): Kompetenz oder Bildung. Eine Analyse jüngerer Konnotationsverschiebungen des Bildungsbegriffs und Plädoyer für eine Rück- und Neubesinnung auf ein transinstrumentelles Bildungsverständnis. Innsbruck: innsbruck university press.

Luksik, Sonja/Gürses, Hakan (2019): Politische Erwachsenenbildung in Österreich – Historische Entwicklungen und aktuelle Herausforderungen. In: Österreichische Austauschdienst-GmbH (Hrsg.): Politische Erwachsenenbildung in Österreich und Europa. Ziele, Methoden und Zukunftsperspektiven. Wien, S. 22-25.

Maiss, Marlene (2021): KEBÖ 2020: Anzahl der Weiterbildungsteilnahmen mehr als halbiert. Online: https://erwachsenenbildung.at/aktuell/nachrichten/16422-keboe-2020-anzahl-der-weiterbildungsteilnahmen-mehr-als-halbiert.php [Stand: 2022-06-06].

Mayer, Maria del Carmen/Stern, Verena/Daphi, Priska/Roose, Jochen (2021): Editorial. Abstand von Protest oder Protest auf Abstand? Soziale Bewegungen in der COVID-19 Pandemie. In: Forschungsjournal soziale Bewegungen 2, 2021, S. 183-187.

Merkel, Wolfgang (2021): Wissenschaft, Moralisierung und die Demokratie im 21. Jahrhundert. In: Aus Politik und Zeitgeschichte 26-27, 2021, S. 4-11.

Ministerium des Innern des Landes Nordrhein-Westfalen (2021): Sonderbericht zu Verschwörungsmythen und „Corona-Leugnern". Stand: Mai 2021. o.O.

Ö-Cert-Geschäftsstelle (2020): Leitfaden für die Ö-Cert-Bewertung. Wien.

Pantenburg, Johannes/Reichardt, Sven/Sepp, Benedikt (2021): Corona-Proteste und das (Gegen-)Wissen sozialer Bewegungen. In: Aus Politik und Zeitgeschichte 3-4, 2021, S. 22-27.

Peissl, Helmut (2018): Kritische Medienkompetenz. In: Peissl, Helmut/Sedlacek, Andrea/Eppensteiner, Barbara/Stenitzer, Carla (Hrsg.): Dossier erwachsenenbildung.at. Kritische Medienkompetenz und Community Medien. Online: https://erwachsenenbildung.at/images/themen/dossier/ebooks/dossier-kritische-medienkompetenz.pdf [Stand: 2022-06-06].

Pörksen, Bernhard (2018): Die große Gereiztheit. Wege aus der kollektiven Empörung. München: Carl Hanser.

Reckwitz, Andreas (2017): Die Gesellschaft der Singularitäten. Zum Strukturwandel der Moderne. Berlin: Suhrkamp.

Täubig, Vicki (2018): Informelle Bildung. In: Graßhoff, Gunther/Schröder, Wolfgang/Renker, Anna (Hrsg.): Soziale Arbeit. Eine elementare Einführung. Wiesbaden: Springer, S. 413-423.

Teune, Simon (2021): Querdenken und die Bewegungsforschung – Neue Herausforderungen oder déjà-vu? In: Forschungsjournal soziale Bewegungen 2, 2021, S. 326-334.

Ucakar, Karl/Gschiegl, Stefan/Jenny, Marcelo (2017): Das politische System Österreichs und der EU. Wien: facultas.

Žižek, Slavoj (2021): Pandemie! II. Chronik einer verlorenen Zeit. Wien: Passagen Verlag.

Zuboff, Shoshana (2018): Das Zeitalter des Überwachungskapitalismus. Frankfurt/New York: Campus.

Foto: Christoph Tauber

Ass.-Prof. MMag. Dr. Martin Haselwanter

martin.haselwanter@uibk.ac.at
https://www.uibk.ac.at/iezw/
+43 (0)512 50740021

Martin Haselwanter ist Assistenzprofessor am Institut für Erziehungswissenschaft der Universität Innsbruck. Seine Arbeits- und Forschungsschwerpunkte sind außerschulische politische Bildung und soziale Bewegungen.

Foto: Bernd Lederer

PD Dr. Dipl.-Päd. Bernd Lederer

bernd.lederer@uibk.ac.at
https://www.uibk.ac.at/iezw/
+43 (0)512 50740036

Bernd Lederer ist Privatdozent am Institut für Erziehungswissenschaft der Universität Innsbruck. Seine Forschungs- und Lehrschwerpunkte sind Bildungstheorie, -geschichte, -philosophie und die Folgen gesellschaftlicher Transformationen für das Bildungssystem und Bildungsdenken.

The Challenge of *"Querdenker"* (pandemic skeptics)

Reflections on adult education for successful political education

Abstract

"Querdenker" (literal meaning: lateral thinker) is the German term used to refer to protagonists of the protest movement started in early 2020 against measures to curb the coronavirus pandemic. The movement is heterogeneous and its members tend to be on the right of the political spectrum. Not just concerned with the pandemic, this new type of reform movement is characterized by an aversion to the unreasonable demands, constraints and alienation of the modern age, scientific rationality and technocratic bureaucracy. It presents democratic society and thus political education with considerable challenges: The fear is that antidemocratic dynamics will continue to grow and extremist discourses will spread into the heart of society. To counteract this, political education in the sense of political enlightenment is required. It should bring the political system home to adults and reflect social connections, communicate the fundamentals of source criticism and scientific facts and support „learning how to argue." Such political education must itself be grounded in media education and networked with different media actors. (Ed.)

Proteste gegen die „Corona-Politik"
und das politische Feld

Die Notwendigkeit ungleichheitssensibler Zugänge in der politischen Erwachsenenbildung

Catrin Opheys und Helmut Bremer

Opheys, Catrin/Bremer, Helmut (2022): Proteste gegen die „Corona-Politik" und das politische Feld. Die Notwendigkeit ungleichheitssensibler Zugänge in der politischen Erwachsenenbildung. In: Magazin erwachsenenbildung.at. Das Fachmedium für Forschung, Praxis und Diskurs. Ausgabe 46, 2022. Online: https://erwachsenenbildung.at/magazin/ausgabe-46.

Schlagworte: Corona-Proteste, Protestbewegungen, soziales Milieu, Habitus, politisches Feld, ungleichheitssensible politische Bildung

Abstract

Die mit der Corona-Pandemie und den politischen Maßnahmen aufkommenden Protestbewegungen sind gesellschaftlich und medial in bestimmter Weise sichtbar geworden: Häufig werden sie als weltanschaulich „rechts-orientiert", wissenschaftsfeindlich und irrational wahrgenommen und im Kontext von Verschwörungsmythen verortet. Eine solche Wahrnehmung hat auch Auswirkungen darauf, wie sich die politische Bildung zu den Protesten positioniert und diese in ihren Angeboten konzeptionell aufgreifen kann. Anknüpfend an diese Perspektiven nehmen die Autor*innen die heterogenen lebensweltspezifischen Motive für die Kritik an der „Corona-Politik" in den Blick, indem sie die soziale Zusammensetzung der Protestbewegungen sowie gesundheitsbezogene Dispositionen auf der Basis aktueller Studien diskutieren. Sowohl der Umgang mit der Corona-Pandemie wie die Haltungen zur „Corona-Politik" erfolgen, so die These, nicht willkürlich und ad-hoc, sondern beruhen auf realen (politischen) Erfahrungen sowie einer spezifischen, von sozialer Ungleichheit geprägten Alltagspraxis, die auch mit dem Gesundheitsverständnis zusammenhängt. Angelehnt an Bourdieus Theorie des politischen Feldes können in den Protesten milieuspezifische Formen der Beteiligung am Politischen gesehen werden, die auch Impulse für eine ungleichheitssensible politische Bildung geben. Diese sollte zwar einerseits „rote Linien" in den Angeboten aushandeln, darf andererseits aber milieureflexive Zugänge nicht ignorieren.

Proteste gegen die „Corona-Politik"
und das politische Feld

Die Notwendigkeit ungleichheitssensibler Zugänge in der politischen Erwachsenenbildung

Catrin Opheys und Helmut Bremer

In der medialen Berichterstattung erscheinen die Protestierenden gegen die „Corona-Politik" häufig pauschal als eine relativ
homogene Gruppe; oft werden sie als „rechts-orientiert" und
im Kontext von Verschwörungsmythen als wissenschaftsfeindlich
und irrational – insgesamt als gefährlich für die Demokratie und
die demokratische Ordnung – klassifiziert. Besondere Beachtung
finden immer wieder die *„tendenziell regressiven und von Verschwörungsmythen geeinten Hygienedemos"* (Mullis 2020,
S. 540). Auch in der politischen Bildung ist eine solche Wahrnehmung durchaus verbreitet – was nicht unerheblich ist, weil
dadurch defizitäre, abwertende und pauschal problematisierende
Perspektiven auf die Proteste befördert werden mit entspre-
chenden Folgen für Themensetzungen, pädagogische Konzepte
und Formen der Ansprache.

Das erschwert es, Zugänge zu ermöglichen, die der Differenziertheit der sozialen und politischen Dynamiken gerecht werden, und jene Menschen zu erreichen, die hinter den öffentlich sichtbaren, lautstark vorgetragenen und bisweilen aggressiven „rechten" und verschwörungsideologischen „Spitzen" der Proteste stehen. Diese gibt es selbstverständlich, oft verbunden mit dem Versuch, Kritik an und Unmut über die „Corona-Politik" der jeweiligen Regierungen politisch zu instrumentalisieren. Allerdings birgt der ausschließliche Blick, auch der der politischen Bildung, auf die Vereinnahmung der Proteste durch rechte und verschwörungsnahe Akteur*innen – gewissermaßen wie das Starren des Kaninchens auf die Schlange – die Gefahr, andere Begründungen und lebenslagenspezifische Motive für Kritik an der „Corona-Politik" zu verkennen und mögliche Potenziale für demokratische politische Lern- und Bildungsprozesse zu ignorieren.

In unserem Beitrag wollen wir uns daher differenzierter mit den Protestbewegungen gegen die „Corona-Politik" und den dahinterliegenden Motiven beschäftigen. Vorliegende empirische Studien widersprechen nämlich dem häufig transportierten Bild der mehr oder weniger homogenen und als „anti-demokratisch" zu klassifizierenden Protestbewegung. Deren heterogene soziale Zusammensetzung verweist, so unsere Annahme, vielmehr auf unterschiedliche Positionen im Raum der sozialen Milieus und auf unterschiedliche Positionierungen zum politischen Feld. Wir gehen davon aus, dass sowohl die Art und Weise, wie mit der Corona-Pandemie umgegangen wurde, als auch die Haltungen, die zur „Corona-Politik", d.h. zu den Maßnahmen, die die Regierungen gesetzt haben, um die Pandemie einzudämmen, von den Menschen eingenommen wurden, weder ad-hoc noch willkürlich erfolgten, sondern auf realen (politischen) Erfahrungen sowie einer spezifischen, von sozialer Ungleichheit geprägten Alltagspraxis beruhten, worin auch der jeweilige Blick auf Körper und Gesundheit miteinfloss (siehe Vester 2009).

Die Proteste wurden demnach wie jede soziale Praxis vom Habitus und dessen langfristig verinnerlichten Bewertungsmustern hervorgebracht und folgten somit einer sozialen Logik. Erst das (im Sinne von Max Weber und Pierre Bourdieu) „Verstehen" dieser verschiedenen, aus den Lebenslagen entspringenden Motivlagen eröffnet es der politischen Bildung, differenzierte Zugänge zu ermöglichen. Vor diesem Hintergrund plädieren wir für eine ungleichheitssensible politische Bildung, die einerseits zwar „rote Linien" aushandelt (siehe Hufer/Schudoma 2022), gleichzeitig aber milieureflexive Zugänge im Blick hat.

Was wir wissen: Befunde zur sozialen Zusammensetzung der Proteste gegen die „Corona-Politik"

Inzwischen liegen einige Untersuchungen zu den Protesten gegen die „Corona-Politik" vor (überwiegend für Deutschland), die ansatzweise darüber Aufschluss geben, wer sich an den Protesten beteiligt und wer diese maßgeblich trägt (siehe etwa Nachtwey/Schäfer/Frei 2020; Frei/Nachtwey 2021;

Koos 2021; Virchow/Häusler 2020; Grande et al. 2021; Hunger/Völker/Saldivia Gonzatti 2021).[1] In den nachfolgend zusammengefassten Studien wurde mit standardisierten (Fragebögen, Online-Befragung) und qualitativen Methoden (Teilnehmende Beobachtung, Interviews, Dokumentenanalysen) gearbeitet, teilweise auch in Kombination. Bei aller Unterschiedlichkeit des methodischen Vorgehens und der Intentionen lassen sich die Befunde doch auf wesentliche Punkte verdichten:

- Die Protestierenden sind durch eine erstaunliche Heterogenität und *„viele Gesichter"* (Grande et al. 2021, S. 5) gekennzeichnet; es handelt sich *„nicht um eine, sondern um mehrere, häufig disparate soziale Gruppen"* (Nachtwey/Schäfer/Frei 2020, S. 51).
- Dominant scheinen gleichwohl Gruppen der sozialen und *„politischen Mitte"* (Grande et al. 2021, S. 3) zu sein; gefunden wird ein *„durchaus großes bürgerliches Lager an Protestierenden"* (Koos 2021, S. 11).
- Verbindend über die sozialen und kulturellen Grenzen hinweg ist eine (teilweise extrem) ausgeprägte Distanz zur verfassten Politik: *„allen öffentlichen Institutionen schlägt großes Misstrauen entgegen"* (Frei/Nachtwey 2021, S. 4). Die Kritik an den mit der „Corona-Politik" verbundenen Einschränkungen der Grundrechte und der Selbstbestimmung korrespondiert mit einer *„starke[n] Entfremdung von den Institutionen des politischen Systems, den etablierten Medien und – zumindest für Deutschland – den alten Volksparteien"* (Nachtwey/Schäfer/Frei 2020, S. 52). Darüber können unterschiedliche Anknüpfungen an Verschwörungsmythen hergestellt (vgl. Virchow/Häusler 2020, S. 33) und auch Brücken zwischen unterschiedlichen Strömungen und Milieus geschlagen werden (vgl. ebd., S. 37).
- Die Wurzeln der Bewegung liegen vielfach in eher „linken" politischen Milieus, so dass schon allein deshalb nicht pauschal von einer autoritär orientierten Bewegung gesprochen werden kann. Allerdings besteht oft keine starke Abgrenzung

---

1 Die empirische Protestforschung (siehe Klecha/Marg/Butzlaff 2013; Teune 2021) muss mit verschiedenen Schwierigkeiten umgehen: wie etwa überhaupt den Zugang zum Feld zu bekommen, nur eine bestimmte Teilgruppe mit einer Befragung zu erreichen oder dem Phänomen der sozialen Erwünschtheit im Antwortverhalten. Auch in den Studien zu den Corona-Protesten traten diese Problematiken auf (vgl. Nachtwey/Schäfer/Frei 2020, S. 4f.). Zudem erfolgten manche Erhebungen hier nur über einen kurzen Zeitraum und bildeten lediglich einen bestimmten zeitlichen Abschnitt der Corona-Pandemie ab.

(mehr) nach rechts. Der „ausgeprägte Verschwörungsglaube" scheint in Verbindung mit der Distanz zur etablierten Politik *„ein potenzielles Einfallstor für strategische Einflussnahme extremistischer Gruppen"* (Koos 2021, S. 11; vgl. auch Hunger/Völker/Saldivia Gonzatti 2021, S. 30; Virchow/Häusler 2020, S. 36) und für ein *„beträchtliches immanentes Radikalisierungspotenzial"* (Nachtwey/Schäfer/Frei 2020, S. 54) zu sein (vgl. auch Grande et al. 2021, S. 22).

- Deutlich wurden zudem insgesamt bestimmte Positionen, die sich innerhalb der Protestbewegung durchsetzten, während andere kritische Positionen und Milieufraktionen marginalisiert wurden. So wurden im zeitlichen Verlauf immer weniger Forderungen zu wirtschaftlichen oder sozialen Aspekten der Krise oder speziellen Maßnahmen artikuliert, sondern stärker *„Verschwörungserzählungen mit antidemokratischen und rassistischen Aussagen"*, die *„allgemeine Ablehnung der Corona-Politik"* und *„Systemfragen"*, in Form der Infragestellung der *„Legitimität der Staatsgewalt"* (Hunger/Völker/Saldivia Gonzatti 2021, S. 31).

Insgesamt zeigt sich, dass es sich um einen heterogenen Protest handelt, bei dem unterschiedliche Motive, Hintergründe und Zusammensetzungen zusammentreffen. Hinweise auf eine Milieudifferenzierung und unterschiedlich eingelagerte Habitusstrukturen können vermutet werden, bleiben aber noch diffus. Stärkere Rückschlüsse darauf lassen sich aus einer weiteren Studie der Gruppe um Oliver Nachtwey ziehen (siehe Frei/Nachtwey 2021), die wir nachfolgend heranziehen und um Befunde und Erkenntnisse aus der milieuspezifischen Gesundheitsforschung ergänzen.

„Corona-Proteste" im Kontext von Milieutraditionen und gesundheitsbezogenen Dispositionen

Die Querdenken-Bewegung in Baden-Württemberg, einem Zentrum der Proteste, stützt sich auf eine historisch ausgebildete regionale Protestkultur, die aus unterschiedlichen Traditionen hervorgegangen

ist.[2] Als zentrale Träger der heutigen „Querdenken-Proteste" wurden von Frei und Nachtwey allerdings eine aus dem früheren linksalternativen Milieu hervorgegangene alternative Strömung sowie eine damit im Protest „vereinte" anthroposophische Strömung ausgemacht. Aus beiden Wurzeln wurde zum einen eine politische Dimension in den Protest hineingetragen. Das bedeutet, die Kritik an der „Corona-Politik" wurde verbunden mit einem generellen *„libertären Freiheitsverständnis"*, *„in dem Individualität, Eigenverantwortung und Selbstbestimmung nahezu absolut gesetzt werden"*. Der in „Corona-Protesten" beispielhaft zum Ausdruck kommende Widerstand *„richtet sich gegen institutionelle Regeln, die ihre individuelle Freiheit beschränken – nur Regeln, die sie selbst setzen, erachten sie als legitim"* (Frei/Nachtwey 2021, S. 3).

Zum anderen kamen nach Frei und Nachtwey in den Protesten gegen die „Corona-Politik" spezifische gesundheitsbezogene Aspekte zum Ausdruck. Eine stilisierte „Körperpolitik", die Betonung von „Ganzheitlichkeit", in Teilen die Betonung einer *spirituelle[n] und vor allem anthroposophische[n] Überzeugung"* (ebd., S. 4) konnten etwa zu Zweifeln an der Gefährlichkeit des Corona-Virus sowie zu Impfskepsis führen.

Diese Beobachtung korrespondiert mit etwas älteren Befunden zu milieuspezifischem Gesundheitsverhalten. In diesen Befunden wurden für Teile gehobener bildungsnaher Milieufraktionen eine distinktive Skepsis gegenüber der „Schulmedizin" bei gleichzeitiger Vorliebe für Homöopathie und Naturheilverfahren sowie eine ausgeprägte Vorliebe für Prävention und Selbstachtsamkeit in Bezug auf Gesundheit festgestellt (vgl. Wippermann et al. 2011, S. 50ff.). Hinzu treten die grundlegenden gesundheitsbezogenen Dispositionen, die in den sozialen Milieus der mittleren und unteren Stufe stärker geprägt sind von dem Vertrauen in die eigene biologische Robustheit und Stärke, einer geringeren Achtsamkeit für Gesundheit, dem Verdrängen von Risiken und einer Haltung, den Körper nüchtern als „Material" zu sehen (vgl. ebd., S. 48ff.). Bisweilen mag auch eine soziokulturelle Distanz gegenüber Ärzt*innen und anderen Akteur*innen

---

2   Malte Thießen (2021) arbeitet die bis ins 19. Jahrhundert zurückgehende geschichtliche Dimension der Impfkritik ausführlich heraus und betont, dass die *„Vielseitigkeit des Protests [...] historische Wurzeln"* hat (Thießen 2021, S. 133).

des Gesundheitssystems hinzugekommen sein, die *„im Gegensatz zur hypochondrisch-spirituellen Heilssuche in bestimmten höheren intellektuellen Milieus"* (Vester 2009, S. 50) steht. Kurz: Es herrschte vielfach eine andere Wahrnehmung und Einschätzung der Bedrohlichkeit durch das Corona-Virus, die mit der subjektiven Perspektive auf Gesundheit und Körper einhergingen.

Die Proteste konnten allerdings auch anders verankert sein. Für Deutschland lässt sich sagen, dass sich die Distanz gegenüber der etablierten Politik etwa in den neuen Bundesländern zum einen darauf gründet, dass Bindungen an Parteien und politische Institutionen weniger tief verankert sind, zum anderen beruhen sie auf politischen Enttäuschungen und auf Erfahrungen von sozialen und kulturellen Entwertungen nach der deutschen Vereinigung. Das damit verbundene tiefe Misstrauen gegenüber der verfassten Politik, das seit geraumer Zeit von rechtspopulistischen Akteur*innen versucht wird aufzugreifen, ist besonders ausgeprägt bei den weniger privilegierten Milieus auf der mittleren und unteren sozialen Stufenleiter (siehe Becker/Dörre/ Reif-Spirek 2020). In der „Corona-Politik" wurden dann unbegründete, willkürliche und an die frühere DDR-Vergangenheit erinnernde Eingriffe in das alltägliche Zusammenleben geortet, wobei die seinerzeit vorhandene Impfpflicht als Beispiel für Zwangsmaßnahmen der „Obrigkeit" mit herangezogen wurde.

Deutlich wird folglich, dass die „Corona-Proteste" auf einer bestimmten regional ausgebildeten Protestkultur aufsetzen können und sich – obwohl nicht alle Protestierenden aus diesen Milieufraktionen kommen – milieuspezifische Motivlagen erkennen lassen, die politisiert wurden.[3]

Proteste gegen die Corona-Politik und heterogene Zugänge zum Politischen

Insgesamt ergibt sich ein Bild, wonach die Corona-Pandemie und die „Corona-Politik" im deutschsprachigen Raum auf eine von sozialer, gesundheitlicher und politischer Ungleichheit geprägte Gesellschaft trafen; die Protestbewegungen waren folglich in unterschiedliche Gesellschafts- und Politikbilder eingebunden. Für die politische Bildung ist wichtig, dass diese Differenzierung und diese unterschiedlichen Linien und Motivationsstrukturen wahrgenommen werden. Entgegen einer pauschalisiert-abwertenden „Defizitperspektive" gilt es, den Blick für die soziale Eingebundenheit der Protestierenden zu schärfen und differenzierte Zugänge zum Politischen zu adressieren.

Der Theorierahmen des politischen Feldes

Das politische Feld (Bourdieu 2001; erweitert durch Bremer/Kleemann-Göhring 2010), auf das wir uns theoretisch stützen, lässt sich verstehen als eine Sphäre bzw. eine Art „Mikrokosmos", in dem verschiedene Akteur*innen um die Ausgestaltung der „Regelungen der allgemeinen Angelegenheiten" ringen und um die Deutungshoheit, was als politisches Thema bzw. Problem zu sehen ist und anerkannt wird. Dabei handelt es sich immer um bestimmte *„Sichtweisen auf die Welt und ihre Ordnung"* (Bremer/Kleemann-Göhring 2010, S. 17). Politik kann als *„Spiel mit impliziten Regeln"* (Bourdieu 2001, S. 47) verstanden werden, da Menschen aufgrund ihres sozialen Ortes – des „sozialen Milieus" – unterschiedliche Möglichkeiten haben, sich in dieses „politische Spiel" einzubringen und mit ihrer Form der Artikulationen anerkannt zu werden.

„Expert*innen" und „Laien" verfügen dabei über unterschiedlich viel politische Kompetenz, wozu außer einem spezifischen kulturellen Kapital (Sprache und Bildung) auch das Verfügen über Zeit zählt, sich mit „politischen" Dingen zu befassen. Es kommt auf die Fähigkeit an, *„konkrete Probleme des Alltags in allgemeinen Begriffen auszudrücken"* (Bourdieu 1992, S. 28), also von der Alltagserfahrung ein Stück weit zu abstrahieren. Dagegen werden rein lebensweltliche Themen und Zugänge, wie sie stärker der

---

3   Wobei der Medizinhistoriker Malte Thießen darauf hinweist, dass neben Stuttgart auch Dresden bereits im 19. Jahrhundert im Kontext der naturheilkundlich, esoterisch und anthroposophisch geprägten Lebensreformbewegung ein Zentrum von Impfskeptiker*innen war, die teilweise auch damals politisiert waren: *„Da wird sozusagen mobil gemacht gegen die Moderne, die als Industrialisierung und Urbanisierung eindringt in die Lebenswelt"* (nachzulesen unter: https://www.zdf.de/nachrichten/politik/ corona-malte-thiessen-100.html).

Perspektive der „Laien" anhaften, eher aus dem engen politischen Feld ausgeklammert. Gleichzeitig geht die auf unterschiedlichen Kompetenzen im Sinne von Fähigkeiten gründende Professionalisierung auch mit einer Kompetenz im Sinne von Berechtigung einher, sich mit Politik im engeren Sinne zu beschäftigen. Das führt häufig dazu, dass das (durchaus vorhandene) politische Wissen der „Laien" nicht im politischen Feld anerkannt wird und diese sich selbst aus dem politischen „Spiel" herausnehmen („Politik, das ist nichts für mich") (vgl. Bremer/Kleemann-Göhring 2010, S. 18).

Strukturieren lässt sich das politische Feld (siehe Abb. 1) zunächst durch eine horizontale und eine vertikale Achse. Die vertikale Achse umfasst die Menge an politischem Kapital, die horizontale Ebene die Einteilung zwischen den Polen der „Orthodoxie" (systemstabilisierend) vs. Heterodoxie (subversiv) (ebd., S. 21). Zentral dafür ist, ob die gegenwärtigen Regeln des politischen Feldes und der Zuständigkeiten anerkannt (rechts) oder in Frage gestellt werden (links). Mit der Grenze der legitimen politischen Artikulation und Selbstausschließung ist gemeint, welche Themen, Inhalte und Formen des Sich-Ausdrückens als politisch legitim anerkannt oder als illegitim abgewertet werden.

Die sozialen Milieus (in der Abbildung als „Laien" rund um das politische Feld platziert) verfügen aufgrund ihres Habitus über eine unterschiedlich ausgeprägte Affinität zur Kultur des politischen Feldes. Vereinfacht gilt, dass die sozial obenstehenden Milieus, gestützt auf ihre kulturellen, ökonomischen und sozialen Ressourcen, sich am ehesten selbst im politischen Feld repräsentieren können. Alle anderen Milieus sind dabei mehr auf soziale Netze, Institutionen und intermediäre Verbände angewiesen. Am stärksten leiden die unterprivilegierten Milieus darunter, dass ihre Artikulationsformen im politischen Feld nicht anerkannt werden und sie sich wenig in der Lage sehen, *„aktiv in die politische Arbeitsteilung einzugreifen"* (Kleemann-Göhring 2013, S. 283).

Die Kreise stehen in der Abbildung für die politische Erwachsenenbildung. Sie hat keinen festen Ort, sondern ist je nach historischer Tradition ihrer Träger, der Nähe zu sozialen Bewegungen und Milieus, den Intentionen und weltanschaulichen Positionen, der Einbindung in das politisch-administrative System usw. anders positioniert bzw. „verstrickt" in die Prozesse des politischen Feldes. Wir kommen darauf am Ende noch einmal zurück.

Abb. 1: Heuristik des politischen Feldes

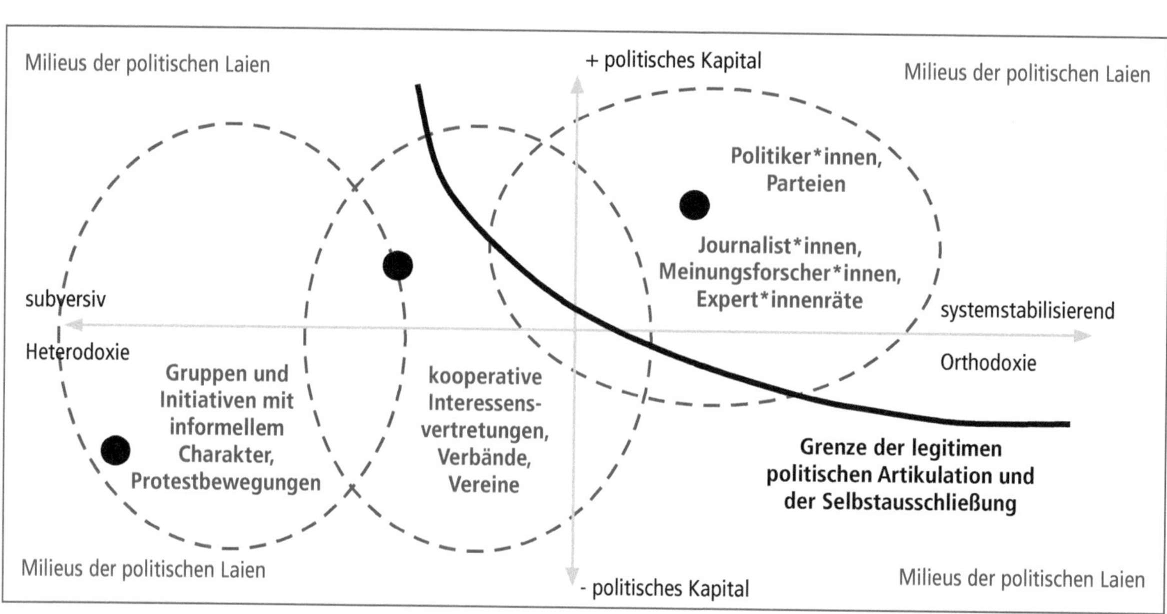

Quelle: Bremer/Kleemann-Göhring 2010; erweitert durch die Autor*innen

Die „Corona-Proteste"
im politischen Feld

Generell sind Protestbewegungen stärker auf der subversiven Seite (links) zu verorten, denn in ihnen drücken sich politisches Unbehagen und Reibungen mit den etablierten Strukturen aus (siehe Bremer/ Trumann 2019). Sie zeichnen sich aus durch Informalität, Spontanität, Kollektivierungspotenziale und sind *„je nach Tradition, Herkunft und Stärke eher innerhalb oder außerhalb des engeren Machtzentrums des politischen Feldes"* (Kleemann-Göhring 2013, S. 282) zu sehen. Sie scheinen zunächst durch die geringere Organisierung weniger wirkmächtig, können aber etwa durch Radikalität, Größe, Prominenz sowie kreative Protestformen (siehe Rucht 2007) Sichtbarkeit und Zustimmung erlangen und auf diese Weise Einfluss auf das politische Feld ausüben: *„Sie sind deshalb wichtig, weil sie den* Laien *eine Stimme verleihen können"* (Kleemann-Göhring 2013, S. 282; Hervorh.i.O.).

Unterschiedliche Distanzen zum politischen Feld, „Gegenwissen" und Bedeutung von Emotionalität

Bezieht man die Hinweise auf die milieuspezifisch unterschiedlich gelagerten Motivationsstrukturen für die Protesthaltungen zur „Corona-Politik" mit ein, so ist davon auszugehen, dass unter der Oberfläche der Gemeinsamkeit des Protests Differenzen fortbestehen (was im Übrigen nicht ungewöhnlich ist in Bezug auf Protest- und soziale Bewegungen (siehe Teune 2021) sowie „alternative Bewegungen" (siehe etwa auch Vester 2010)).

Das ist gerade für die politische Bildung wichtig. Das Misstrauen und die Enttäuschung gegenüber den Akteur*innen des politischen Feldes sind unterschiedlich begründet. Sie sind allenfalls strukturähnlich, aber eben nicht gleich und werden nach Milieu und Habitus unterschiedlich verarbeitet; zugleich verfügen die Teilnehmenden auch über unterschiedliche Ressourcen, um sich in das „politische Spiel" mit einzubringen. Gerade die weniger privilegierten Milieus sind dabei mehr auf Akteur*innen angewiesen, die „für sie" oder „in ihrem Namen" sprechen und Anliegen einbringen. Darin liegen Risiken (etwa durch die Versuche „rechter" Akteur*innen, sich

zum Sprachrohr zu machen), aber hier können auch Chancen gesehen werden, etwa indem sich die politische Bildung als Akteurin versteht, die Anliegen aufnimmt und damit zusammenhängende Lern- und Bildungsprozesse fördert (wie das oben schon angedeutet wurde).

Neben der Distanz und dem Misstrauen gegenüber etablierten Institutionen des politischen Feldes lassen sich weitere Aspekte finden, die als Zugänge für die politische Bildung dienen können:

- Für die „Corona-Proteste" spielt wie für Protestbewegungen insgesamt die Produktion und Aneignung von „Gegenwissen" eine erhebliche Rolle. Es dient der *Ermächtigung der Protestakteur:innen"* und kann zudem dazu führen, gestützt auf andere Expert*innen (etwa Ärzt*innen und Wissenschaftler*innen) Inhalte und Erkenntnisse einzubringen, *„die im politischen Diskurs bislang unberücksichtigt oder stigmatisiert sind"* (Pantenburg/Reichardt/Sepp 2021, S. 258f.).
- Verbunden ist das oft mit der Nutzung anderer Medien und Netzwerke oder auch der Gewinnung prominenter Personen, die sich medial kritisch positioniert haben und als Orientierungsfiguren der Bewegung gelten (vgl. Koos 2021, S. 9).
- Von Bedeutung sind dabei – wie bei Protestbewegungen allgemein – emotionale Zugänge zu gesellschaftlichem und politischem Wissen (vgl. Grande et al. 2020, S. 22; Pantenburg/ Reichardt/Sepp 2021; Nachtwey/Schäfer/Frei 2020, S. 54), welche im politischen Feld häufig nicht als politisch im engeren Sinne anerkannt werden und die auch in der politischen Bildung mit Blick auf Ungleichheitsperspektiven stärker aufgegriffen werden können (siehe Bremer 2019; Besand 2016).

Impulse für eine ungleichheitssensible politische Bildung

Welche Bedeutung unsere Überlegungen für die politische Bildung haben, wurde an einigen Stellen bereits angedeutet. Wir möchten das nun abschließend etwas erweitern und konkretisieren.

Die politische Bildung im politischen Feld

Wie bereits angedeutet, ist die politische Erwachsenenbildung nicht losgelöst von den Strukturen und Diskursen des politischen Feldes zu betrachten. Sie kann aber mit Blick auf die soziale Eingebundenheit des Politischen in ihren Angeboten konzeptionell an unterschiedliche Akteur*innen und an unterschiedliche Verständnisse des Politischen anknüpfen. Die politische Bildung kann entlang der Unterscheidung zwischen einem „engen" oder „weiten" Politikverständnis (eher Bezug auf die Partei- und parlamentarische Ebene oder eher offener verstanden als „Regelung der allgemeinen Angelegenheiten") unterschiedliche Milieus stärker dort adressieren, wo Politik Nähe zu der Lebenswelt hat. Das bezieht sich dann etwa auch auf das in den Protestbewegungen zum Ausdruck kommende „Unbehagen" und „Reiben" an den Strukturen des engen politischen Feldes (siehe Bremer/Trumann 2019). Dieses „Unbehagen" und die Formen der Artikulation können von der politischen Bildung konzeptionell aufgegriffen werden, anstatt diese aus dem Politischen auszuklammern und somit vielleicht ungewollt der Logik des Feldes zu folgen und diese zu stabilisieren. Hier sollten entgegen der Übernahme vorschneller pauschaler Zuschreibungen stärker heterogene Positionen durch reale (politische) Erfahrungen und milieuspezifische Alltagspraktiken (etwa im Hinblick auf gesundheitliche und politische Orientierungen) wahrgenommen werden. So spielt es etwa auch eine Rolle, *wie* politische Bildung für bestimmte Proteste sensibilisiert bzw. wie sie Protestierende und ihre Anliegen sieht und einordnet, etwa durch das Berücksichtigen ungleichheitssensibler und milieureflexiver Zugänge.

Die „roten Linien" in der Bildungsarbeit – (wie) kann man sie ziehen?

Von großer Bedeutung ist zudem in Angeboten politischer Bildung das Setzen sogenannter „roter Linien" (siehe Bremer 2018; Hufer/Schudoma 2022) als mögliche „Grenzen des Sagbaren", etwa in (bewusst) formulierten rassistischen und antisemitischen Ideologien oder rechtsextremen Agitationen. Entscheidend ist aber, dass diese roten Linien nicht absolut festzulegen sind, sondern kontextspezifisch gesehen werden müssen, also unter Berücksichtigung der sozialen Lage der Adressat*innen und

des daraus hervorgehenden milieuspezifischen Habitus, der pädagogischen Ziele und des jeweiligen Bildungskontextes ausgehandelt werden müssen (vgl. Bremer 2018, S. 33). So ist etwa mit Blick auf die „Corona-Proteste" zu unterscheiden, ob offen diskriminierende Aussagen getätigt und/ oder sich bewusst Verschwörungsideologien bedient wird oder auf Alltagserfahrungen beruhende Problemlagen und milieuspezifische Erfahrungen (beispielsweise politische Vorstellungen oder Gesundheitsverständnisse) artikuliert werden. Das heißt dann nicht, dass in Kontexten politischer Bildung alles geäußert werden darf und auch Grenzwertiges aufgezeigt werden muss, aber dass das Gesagte unterschiedlich vor dem Hintergrund der Erfahrungen und dem jeweiligen Handlungskontext oder Angebotsformat pädagogisch eingeordnet und begleitet werden muss, etwa durch unterschiedliche Ansprache-Strategien und methodisch-didaktische Vorgehensweisen.

Dabei steht das Setzen und Aushandeln dieser roten Linien im Zusammenhang mit dem jeweiligen Angebots- und Organisationskontext. Hier ist etwa zu unterscheiden, ob es sich um ein präventives Angebot (für Protestierende selbst), ein Sensibilisierungsangebot für pädagogisch Tätige oder Engagierte im Kontext einer rassismus- und antisemitismuskritischen Bildungsarbeit oder um ein konkretes Angebot für bereits „rechtsorientierte" und ggf. organisierte Menschen, die bestimmte Narrative teilen und bewusst nach außen tragen wollen, handelt.

Der Blick auf heterogene Adressat*innen erübrigt sich nicht in einseitigen „Wir" und „Sie" Zielgruppenkonstruktionen, sondern differenziert zwischen unterschiedlichen Zielgruppen, milieuspezifischen Erfahrungen sowie den Formen der Artikulation und Sprache (vgl. Kohlstruck 2011, S. 315). Dies meint dann etwa auch die Adressierung der gesellschaftlichen Wahrnehmung und Bezeichnung der Protestierenden als „Covidioten" (vgl. Grande et al. 2021), was mit einer einseitigen Diffamierung der Akteur*innen als per se unpolitisch, undemokratisch oder defizitär einhergeht. Dies meint aber auch, das entsprechende Adressieren von Menschen durch politische Bildung, die ggf. durch die Proteste von „rechts" vereinnahmt werden können.

Habitus- und Milieusensibilität

Aus diesem Grund haben habitus- und milieureflexive Zugänge zum Politischen und damit besonders Emotionalität eine bedeutende Funktion (siehe Bremer 2019; Besand 2015 u. 2016), denn das scheinbar „legitime" Sprechen über „vernünftige" Argumente kann Teilnehmende in der politischen Bildung unterschiedlich erreichen, da latente Dinge dahinterliegen. Entscheidend kann es dabei sein, nicht nur anhand eines vermeintlichen „richtigen politischen Wissens" und bestimmter Formen der Artikulation zu vermitteln, etwa im Sinne sogenannter Faktenchecks oder Argumentationsleitfäden, sondern ein Gespür für dahinterliegende Alltagspraxen zu erlangen. Hier können mit Blick auf die „Corona-Proteste" differente Wissensbestände verschiedener sozialer Gruppen (zum Beispiel in Bezug auf Gesundheit und die „Corona-Politik") und damit verbundene unterschiedliche Formen, die eigenen Forderungen in den politischen Diskurs zu tragen, fokussiert werden.

Daher sind ungleichheitssensible Ansprachen und Zugänge im Sinne der Teilnehmenden- und Milieuorientierung in der Erwachsenenbildung (siehe Bremer 2021) hoch relevant, beispielsweise durch unterschiedliche räumliche, methodische und sprachliche Zugänge. So können etwa Konzepte, die stärker aufsuchend gestaltet sind und an die Lebenswelten der Teilnehmenden anknüpfen, im Hinblick auf die Proteste gegen die „Corona-Politik" reflektiert und modifiziert werden, um Barrieren zu überwinden

und Menschen unterschiedlich zu erreichen. Dabei sind Kontakte und Kooperationen zu lebensweltnahen Institutionen und Vertrauenspersonen zentral (siehe Ludwig 2019). Diese Gedanken kommen in Deutschland partiell schon in Konzepten der „aufsuchenden Impfungen" zum Tragen.

Neben strukturellen Zugängen ist zudem auf der Interaktionsebene eine verstehende Haltung (vgl. Bourdieu 1997) gegenüber unterschiedlichen Adressat*innen und Milieus wichtig. Dabei müssen sich die Profession der politischen Erwachsenenbildung und die Tätigen selbst, wie oben schon angedeutet, als Teil des politischen Feldes begreifen und die eigene Involviertheit in Strukturen symbolischer Herrschaft anerkennen. Hierbei ist es notwendig, im Sinne von Milieu- und Habitussensibilität (siehe Lange-Vester/Teiwes-Kügler 2014) den eigenen sozialen Ort (also den Habitus und das soziale Milieu) und damit verbundene Formen und Zugänge zu Gesundheit, Wissen, Politik und Medien wie auch zur „Corona-Politik" sowie das pädagogische Professionsverständnis mit Blick auf die Haltung gegenüber den Adressat*innen zu reflektieren. Das kann durchaus zu subjektiv als schmerzhaft empfundenen Prozessen führen, weil mitunter Sichtweisen und pädagogische Selbstverständnisse in Frage gestellt werden. In jedem Fall ist das kein kurzzeitiger Akt der Bewusstseinswerdung, so dass es in politischen Bildungskontexten der Einübung anderer Denk-, Handlungs- und Bewertungspraxen als Teil der Professionalisierung politischer Bildung bedarf.

Literatur

Becker, Karina/Dörre, Klaus/Reif-Spirek, Peter (Hrsg.) (2020): Arbeiterbewegung von rechts? Ungleichheit – Verteilungskämpfe – populistische Revolte. Bonn: Bundeszentrale für politische Bildung.

Besand, Anja (2016): Zum Verhältnis von Emotionalität und Professionalität in der politischen Bildung. In: Heinrich-Böll-Stiftung (Hrsg.): Ideologien der Ungleichwertigkeit. Berlin, S. 77-83. Online: https://www.boell.de/de/2016/04/15/ideologien-der-ungleichwertigkeit [Stand: 2022-06-07].

Besand, Anja (2015): Gefühle über Gefühle. Zum Verhältnis von Emotionalität und Rationalität in der politischen Bildung. In: Emotionen und Politik 33, S. 213-224.

Bourdieu, Pierre (1992): Politik, Bildung und Sprache. In: Ders.: Die verborgenen Mechanismen der Macht. Hamburg: VSA, S. 13-30.

Bourdieu, Pierre (1997): Verstehen. In: Ders. et al.: (Hrsg.): Das Elend der Welt. Konstanz: UVK, S. 779-802.

Bourdieu, Pierre (2001): Das politische Feld. In: Ders.: Das politische Feld. Konstanz: UVK, S. 41-66.

Bremer, Helmut (2018): Wie umgehen mit „rechts"? Verschiebung politischer Koordinaten und die „roten Linien" in der politischen Bildung. In: Weiterbilden 2, 2018, S. 32-35.

Bremer, Helmut (2019): Politik, Emotionen und Habitus. Plädoyer für eine emotions- und ungleichheitssensible politische Bildung. In: Besand, Anja/Overwien, Bernd/Zorn, Peter (Hrsg.): Politische Bildung mit Gefühl. Bonn: Bundeszentrale für politische Bildung, S. 159-172.

Bremer, Helmut (2021): Milieusensible Weiterbildung. In: Education Permanente 1, 2021, S. 21-31.

Bremer, Helmut/Kleemann-Göhring, Mark (2010): „Defizit" oder „Benachteiligung": Zur Dialektik von Selbst- und Fremdausschlie-ßung in der politischen Erwachsenenbildung und zur Wirkung symbolischer Herrschaft. In: Zeuner, Christine (Hrsg.): Demokratie und Partizipation. Beiträge der Erwachsenenbildung. Hamburg: Universität Hamburg, S. 12-28.

Bremer, Helmut/Trumann, Jana (2019): Das Unbehagen im Politischen und dessen Bedeutung für die politische Erwachsenenbildung. In: Bildung und Erziehung 72, 3, 2019, S. 277-292.

Frei, Nadine/Nachtwey, Oliver (2021): Quellen des «Querdenkertums». Eine politische Soziologie der Corona-Proteste in Baden-Württemberg. Basel: Universität Basel. Heinrich-Böll-Stiftung Baden-Württemberg. Online: https://www.boell-bw.de/sites/default/files/2022-01/Quellen%20des%20Querdenkertums_Frei_Nachtwey.pdf [Stand: 2022-06-07].

Grande, Edgar/Hutter, Swen/Hunger, Sophia/Kanol, Eylem (2021): Alles Covidioten? Politische Potenziale des Corona-Protests in Deutschland. Discussion Paper. Wissenschaftszentrum Berlin für Sozialforschung. Online: https://bibliothek.wzb.eu/pdf/2021/zz21-601.pdf [Stand: 2022-06-07].

Hufer, Klaus-Peter/Schudoma, Laura (2022): Die Neue Rechte und die rote Linie. Weinheim/Basel: Beltz Juventa.

Hunger, Sophia/Völker, Teresa/Saldivia Gonzatti, Daniel (2021): Der Verlust der Vielfalt. Die Corona-Proteste in Deutschland werden durch eine radikale Minderheit geprägt. In: WZB Mitteilungen 172, S. 30-32.

Klecha, Stephan/Marg, Stine/Butzlaff, Felix (2013): Wie erforscht man Protest? In: Marg, Stine/Geiges, Lars/Butzlaff, Felix/Walter, Franz (Hrsg.): Die neue Macht der Bürger. Was motiviert Protestbewegungen? Bonn: Bundeszentrale für politische Bildung, S. 12-45.

Kleemann-Göhring, Mark (2013): „Politikferne" in der politischen Bildung. Zur Anerkennung unterschiedlicher sozialer Zugänge zum politischen Feld. In: Bremer, Helmut/Kleemann-Göhring, Mark/Teiwes-Kügler, Christel/Trumann, Jana (Hrsg.): Politische Bildung zwischen Politisierung, Partizipation und politischem Lernen. Beiträge für eine soziologische Perspektive. Weinheim/Basel: Beltz Juventa, S. 276-292.

Kohlstruck, Michael (2011): Bildung „gegen rechts". In: Hafeneger, Benno (Hrsg.): Handbuch Außerschulische Jugendbildung. Grundlagen – Handlungsfelder – Akteure. Schwalbach/Ts.: Wochenschau, S. 307-323.

Koos, Sebastian (2021): Die „Querdenker". Wer nimmt an Corona-Protesten teil und warum? Ergebnisse einer Befragung während der „Corona-Proteste" am 4.10.2020 in Konstanz. Universität Konstanz/Exzellenzcluster „The Politics of Inequality", S. 1-12. Online: https://kops.uni-konstanz.de/handle/123456789/52497 [Stand: 2022-06-07].

Lange-Vester, Andrea/Teiwes-Kügler, Christel (2014): Habitussensibilität im schulischen Alltag als Beitrag zur Integration ungleicher sozialer Gruppen. In: Sander, Tobias (Hrsg.): Habitussensibilität. Wiesbaden: Springer Fachmedien, S. 177-207.

Ludwig, Felix (2019): Aufsuchende politische Bildung. Expertise. Im Auftrag von ARBEIT UND LEBEN Sachsen e.V. Online: https://www.modem-arbeitundleben.de/fileadmin/user_upload/2019_Expertise_aufsuchende_politische_Bildung_FL-HB.pdf [Stand: 2022-06-07].

Mullis, Daniel (2020): Protest in Zeiten von Covid-19: Zwischen Versammlungsverbot und neuen Handlungsoptionen. In: Forschungsjournal Soziale Bewegungen 33, 2, 2020, S. 528-543.

Nachtwey, Oliver/Schäfer, Robert/Frei, Nadine (2020): Politische Soziologie der Corona-Proteste. Grundauswertung. Universität Basel. Online: https://idw-online.de/de/attachmentdata85376 [Stand: 2022-06-07].

Pantenburg, Johannes/Reichardt, Sven/Sepp, Benedikt (2021): Corona-Proteste und das (Gegen-)Wissen sozialer Bewegungen. In: Bundeszentrale für politische Bildung (Hrsg.): Corona. Pandemie und Krise. Bonn: Bundeszentrale für politische Bildung, S. 254-264.

Rucht, Dieter (2007): Protest: Einführung. In: Geiselberger, Heinrich (Hrsg.): Und jetzt? Politik, Protest und Propaganda. Frankfurt am Main: Suhrkamp, S. 183-201.

Teune, Simon (2021): Querdenken und die Bewegungsforschung – Neue Herausforderung oder déjà-vu? In: Forschungsjournal Soziale Bewegungen 34, 2, 2021, S. 326-334. Online: https://doi.org/10.1515/fjsb-2021-0029 [Stand: 2022-06-07].

Thießen, Malte (2021): Auf Abstand. Eine Gesellschaftsgeschichte der Coronapandemie. Frankfurt am Main: Campus.

Vester, Michael (2009): Milieuspezifische Lebensführung und Gesundheit. In: Jahrbuch für Kritische Medizin und Gesundheitswissenschaften: Health Inequalities 45, S. 36-56.

Vester, Michael (2010): Alternativbewegungen und neue soziale Milieus. Ihre soziale Zusammensetzung und ihr Zusammenhang mit dem Wandel der Sozialstruktur. In: Reichardt, Sven/Siegfried, Detlef (Hrsg.): Das Alternative Milieu. Antibürgerlicher Lebensstil und linke Politik in der Bundesrepublik Deutschland und Europa 1968-1983. Göttingen: Wallstein, S. 27-60.

Virchow, Fabian/Häusler, Alexander (2020): Pandemie-Leugnung und extreme Rechte in Nordrhein-Westfalen. CoRE-NRW-Kurzgutachten 3. Bonn: CoRE. Online: https://www.bicc.de/uploads/tx_bicctools/CoRE_Kurzgutachten3_2020.pdf [Stand: 2022-06-07].

Wippermann, Carsten/Arnold, Norbert/Möller-Slawinski, Heide/Borchard, Michael (2011): Chancengerechtigkeit im Gesundheitssystem. Wiesbaden: VS.

Weiterführende Links:

Interview mit Malte Thießen vom 23.11.2021: https://www.zdf.de/nachrichten/politik/corona-malte-thiessen-100.html

Catrin Opheys, M.A. B.A.

catrin.opheys@uni-due.de

Catrin Opheys studierte Erziehungswissenschaft (B.A.) und Erwachsenenbildung/Weiterbildung (M.A.) an der Universität Duisburg-Essen. Seit 2021 ist sie dort als wissenschaftliche Mitarbeiterin im Fachgebiet Erwachsenenbildung/Politische Bildung tätig und hat u.a. folgende Arbeitsschwerpunkte: Politische Bildung und Partizipation; diskriminierungskritische und ungleichheitssensible Bildung; Erwachsenenbildung; Studium, Habitus und soziale Ungleichheit; qualitative Sozialforschung. Zudem ist sie freiberuflich in der politischen Bildungsarbeit bei unterschiedlichen Trägern und zu verschiedenen Themenfeldern tätig.

Prof. Dr. Helmut Bremer

helmut.bremer@uni-due.de
https://www.uni-due.de/biwi/politische-bildung
+49 (0)201 1832210-6031

Nach seiner Ausbildung und Tätigkeit in der Sozialen Arbeit absolvierte Helmut Bremer an der Universität Hannover ein Studium der Diplom-Sozialwissenschaften. Von 1995 bis 2003 war er als wissenschaftlicher Mitarbeiter an den Universitäten Hannover und Münster in verschiedenen Forschungsprojekten tätig, u.a. zum Verhältnis der sozialen Milieus zur Kirche sowie zur Milieubezogenheit der Erwachsenenbildung. Er promovierte im Jahr 2001 an der Universität Hannover zum Themengebiet der theoretischen und empirischen Habitus- und Milieuanalyse und habilitierte sich 2005 an der Universität Hamburg mit der Arbeit „Soziale Milieus, Habitus und Lernen". Bis zu seinem Ruf an die Universität Duisburg-Essen im Jahr 2009 übernahm er Professurvertretungen für Religions- und Kirchensoziologie in Leipzig und für Weiterbildung in Hamburg. Seine Arbeitsschwerpunkte liegen in den Bereichen: Politische Erwachsenenbildung; (Weiter-)Bildung und soziale Ungleichheit; Habitus, Lernen und Sozialisation; Milieu- und Habitusanalyse und ihre Methoden; Gesellschaftsbildforschung.

Protests against "Coronavirus Policies" and the Political Field

The necessity of inequality-sensitive approaches in adult political education

Abstract

The protest movements that have emerged in reaction to the coronavirus pandemic and political measures have become visible in society and the media in certain ways: Frequently perceived as being ideologically „right-wing," antiscientific and irrational, they are often contextualized as conspiracy theories. Such a perception also has effects on how political education positions itself in terms of the protests and responds to them conceptually in its offerings. Building on these perspectives, the authors take into account the heterogeneous lifestyle-specific motives for criticism of „coronavirus policies" by discussing the social composition of the protest movements and basic attitudes toward health in light of current studies. According to the authors' thesis, both the handling of the coronavirus pandemic and attitudes toward „coronavirus policies" are not arbitrary and ad hoc but rest upon real (political) experiences and a specific everyday life influenced by social inequality that is also related to an individual's understanding of health. Supported by Bourdieu's theory of the political field, forms of political participation specific to the milieu can be seen in the protests that also give impulses for inequality-sensitive political education. This should help negotiate „red lines" in courses but may also not ignore approaches inherent in the respective milieus.

Mit Corona „leben lernen"

Über die Bedeutung gemeinsamen Lernens in politischen Öffentlichkeiten

Gesa Heinbach

Zitation

Heinbach, Gesa (2022): Mit Corona „leben lernen". Über die Bedeutung gemeinsamen Lernens in politischen Öffentlichkeiten. In: Magazin erwachsenenbildung.at. Das Fachmedium für Forschung, Praxis und Diskurs. Ausgabe 46, 2022.
Online: https://erwachsenenbildung.at/magazin/ausgabe-46.

Schlagworte: Öffentliches Lernen, gesellschaftliche Lernprozesse, politische Öffentlichkeit, Corona, Erwachsenenbildung, Ordnungssysteme, Unsicherheit, Unwissen

Abstract

Lernen ist neben einem individuellen immer auch ein gesellschaftlicher bzw. öffentlicher Prozess – insbesondere dann, wenn es sich auf Themen bezieht, die politisch verhandelt werden. Dies zeigte sich in der Corona-Pandemie, in der unser geteiltes Wissen über das Virus, dessen Verbreitung, Gefährlichkeit usw. direkt darauf Einfluss genommen hat, welche politischen Entscheidungen zu seiner Eindämmung getroffen wurden. Aus öffentlichen Lernprozessen können fundamentale Lernprozesse werden, wenn das Lernen dazu führt, dass sich unsere Ordnungssysteme bleibend verändern. Ob dies auf das öffentliche Lernen in der Pandemie zutrifft, ist heute noch nicht zu beurteilen. Doch davon abgesehen gilt es zu verstehen, dass das Zusammenspiel von Wissen und Nicht-Wissen ein wichtiger Bestandteil im Umgang mit Unsicherheit ist und in der Zukunft sein wird. (Red.)

08

Mit Corona „leben lernen"

Über die Bedeutung gemeinsamen Lernens in politischen Öffentlichkeiten

Gesa Heinbach

Anlässlich der Bewältigung der Corona-Krise wurde in besonderer Weise sichtbar, dass Menschen gemeinsam lernen – in Gruppen, in Organisationen und als Gesellschaft. Auch dabei sind wir natürlich als Subjekte aktiv, denn in jedem einzelnen Kopf finden die Lernvorgänge statt und niemand wird wie die „Borg" in der Enterprise-Serie zusammen- und gleichgeschaltet. Dennoch fehlen bislang eine wissenschaftliche Reflexion des gemeinsamen Lernprozesses der gesellschaftlichen Öffentlichkeit und ein Diskurs über die politischen Konsequenzen dieses gemeinsamen Lernens. Anders als über die lernende Gesellschaft – also über die politische Bedeutung von Bildung und Lebenslangem Lernen (vgl. Ranson 1998, S. 1ff.) – wird über das gesellschaftliche Lernen noch wenig gesprochen.

Gesellschaftliche Lernprozesse

Die wissenschaftliche Reflexion über gesellschaftliche Lernprozesse entstand im deutschsprachigen Raum in den 1980er Jahren im Zusammenhang mit der Anti-AKW-Bewegung (siehe Hater 2000) bzw. weiter gefasst im Zusammenhang mit Katastrophen, die durch technisches Versagen ausgelöst worden waren (siehe Hofmann 2008). Adalbert Evers und Helga Nowotny (1987) definierten, wie Katrin Hater (2000, S. 33) zusammenfasst, gesellschaftliches Lernen in den 1990er Jahren als einen Prozess, in dem ein neues gesellschaftliches Koordinatensystem geschaffen wird und zeitgleich die nötigen Kompetenzen erworben werden, mit den veränderten Verhältnissen umzugehen. Sie beschrieben damit, dass der Lernvorgang im Individuum nicht ausschließlich eine persönliche Entwicklung bedeutet, sondern in der Summe auch eine politische Dimension hat, vor allem wenn sich das Lernen auf Themen bezieht, die politisch verhandelt werden (siehe Evers/Nowotny 1987). Das gilt auch heute.

Menschen, die lernen, was ein „R-Wert" ist, oder wie mRNA-Impfstoffe funktionieren, lernen zwar zunächst individuell: Sie nutzen ihre jeweiligen

Vorkenntnisse, integrieren neue Informationen in bestehendes Wissen, finden die eine oder die andere Erklärung plausibel. Aber sie lernen auch gesellschaftlich: Die Pandemie hat ein immenses Breitenwissen über das Corona-Virus und seine Wirkungsweise mit sich gebracht – und zwar als Reaktion auf eine sich ändernde Realität und den daraus folgenden Steuerungsbedarf. Das Lernen in der Pandemie bringt somit nicht nur soziologisch interessante Veränderungen mit sich, sondern auch politische: Unser geteiltes Wissen über das Virus, über seine Verbreitung, Gefährlichkeit usw. hat direkt beeinflusst, welche politischen Entscheidungen zu dessen Eindämmung getroffen wurden. In einem demokratischen Kontext ist diese politische Entscheidungssituation immer eine öffentliche, das heißt, es wird öffentlich ausgehandelt, was als „geteiltes Wissen" gelten kann. Damit ist nicht gesagt, dass dieser Prozess alle Mitglieder und Gruppen der Gesellschaft repräsentiert, es ist nicht gesagt, dass dieser fair und unbedingt vernünftig verläuft.

Alle gesellschaftlichen Strukturen entfalten im öffentlichen Diskurs ihre Wirkungen: Berufe werden als relevant oder weniger relevant eingestuft, Wohl und Leid von Kindern wird anders beurteilt als jenes von Erwachsenen, Titel und Funktionen von Sprecher*innen beeinflussen die Wirkung von Aussagen. Aber, und das ist für den Begriff des öffentlichen Lernens wichtig: Es ist ein öffentlicher Diskurs, kein privater und kein geheimer.

Das gemeinsame, öffentliche Sprechen und Lernen war und ist somit Basis für die beschlossenen Maßnahmen gegen die Pandemie. Ich möchte den Begriff des gesellschaftlichen Lernens daher einen Schritt aus der Soziologie herausführen, wo er vor allem als *„Organisation und Reorganisation von Wissen"* (Nowotny/Schmutzer 1974, S. 19) verstanden wurde. Eine philosophische Perspektive kümmert sich um eine normative Beurteilung dieses Wissens, um die Verbindung des Wissens mit „Fundamentalkriterien" wie Gerechtigkeit und Rechtsstaatlichkeit (vgl. Höffe 1978, S. 46). Der politische Prozess schließlich erarbeitet eine Umsetzung in die Praxis, in Gesetze und Vorgaben (vgl. ebd., S. 48).

Diese philosophische und politologische Dimension des gemeinsamen Lernens möchte ich adressieren, indem ich nicht vom gesellschaftlichen, sondern vom öffentlichen Lernen spreche. Dass der Öffentlichkeitsbegriff wissenschaftlich umstritten war und ist, spielt dafür erstmal keine Rolle. Wichtig ist hier, dass nicht im allumfassenden Sinne von „Gesellschaft" gesprochen wird, sondern von jenem Teil der gesellschaftlichen Wirklichkeit, die nicht privat ist – also die gemeinsam zu verhandelnden Dinge betrifft. Öffentliches Lernen beschreibt jenen Lernprozess, der in der politischen Öffentlichkeit stattfindet, also im allgemein zugänglichen Diskurs, in Parlamenten, Publikationen usw.[1]

Öffentliches Lernen

Um den Begriff etwas besser greifbar zu machen, soll er definitorisch von anderen Theorien des gemeinsamen Lernens unterschieden werden – beispielsweise von der Comunities of Practise, womit eine *„kooperative und intersubjektive Verarbeitung von Informationen"* (Mikula 2008, S. 63) beschrieben wird, aus der dann *„Bedeutung"* (ebd.) entsteht. Dabei liegt der Fokus auf einer verhältnismäßig überschaubaren Einheit (einer Organisation), nicht auf einer Gesellschaft oder einem Staatswesen. Der Begriff des öffentlichen Lernens unterscheidet sich auch vom kollektiven Lernen (vgl. Howaldt/ Jacobsen 2010, S. 79), mit dem z.B. die Zusammenarbeit von Unternehmen, von Anwender*innen und Entwickler*innen beschrieben wird, oder ganz allgemein das Lernen in sich freiwillig zusammenfindenden Gemeinschaften, die ein kollektives Ergebnis anstreben (siehe De Laat/Simons 2002). Daraus wird zwar auch gesellschaftlich Relevantes entstehen, der Lernprozess selbst aber ist nicht öffentlich. Der Begriff des öffentlichen Lernens soll daher über das gesellschaftliche Lernen hinausweisen und die politischen Handlungskonsequenzen des Lernens mit einbinden.

Für alle Prozesse des gemeinsamen Lernens (bzw. Umlernens) gilt: Sie sind *„wesentlich aufwändiger als die bloße Einordnung neuer Elemente in bereits bestehende Ordnungs- und Kategorisierungssysteme"*

---

1 Zum englischsprachigen Begriff des Public Learning und der Learning Society siehe Ranson (1998).

(Schnabel 2009, S. 101). Denn die Reorganisation von Wissen bis hin zu neuen Systematiken erzeugt gesellschaftliche Verunsicherung und Verflüssigungen, die aufgefangen werden müssen. Daraus entsteht u.a. ein politischer Handlungsbedarf – ein gemeinsam zu leistender Aufwand, mit diesen Verunsicherungen umzugehen. Zur Bewältigung dieser Aufgabe leistet die Wissenschaft im öffentlichen Diskurs ganz wesentlich ihren Beitrag. Insbesondere in der Corona-Pandemie war und ist das zu beobachten, und daher wird hier kurz darauf eingegangen.

Kollaboratives Lernen

Das öffentliche Lernen in der Corona-Pandemie war ein Lernen voneinander und insofern ein Paradebeispiel kollaborativen Lernens (vgl. zum Begriff Malzahn/Hoppe 2014, S. 162). Grundlagenwissen wurde aus der Virologie eingebracht und aus der Epidemiologie, aus der Psychologie, der Rechtswissenschaft, den Erziehungs- und den Wirtschaftswissenschaften, durchaus auch begleitet von wissenschaftlichen Auseinandersetzungen. Wissen aus der Praxis floss ein, etwa indem sich Erzieher*innen, Pflegepersonal oder Unternehmer*innen öffentlich äußerten, und politische Einordnungen unterschiedlicher Vorschläge wurden vorgenommen. Dabei wurden immer wieder auch Falschinformationen verbreitet, die ebenfalls Teil des öffentlichen Lernprozesses geworden sind – sei es, weil sie Zustimmung erfuhren oder weil sie widerlegt werden mussten. Das öffentliche Lernen der Gesellschaft fand während der Pandemie in der Forschung und zeitgleich im Erfahrungshorizont der Menschen statt, gespeist aus sehr unterschiedlichen Quellen und daher stets mit dem Bedarf versehen, diese Quellen kritisch einzuschätzen.

In einem für die Erwachsenenbildung eigentlich typischen Setting aus sehr unterschiedlichem Vorwissen und bereits gefestigter Überzeugungssysteme entstanden genau jene Schwierigkeiten, die auch in jedem anderen Lernkontext mit Erwachsenen entstehen: Widerstände und Widersprüche treten auf, weil das neue und das alte Wissen sich nicht nahtlos ineinanderfügen und weil unterschiedliche Perspektiven um die Deutungshoheit im öffentlichen Raum streiten. Aber zugleich traten auch die Vorteile zutage: Menschen lernten voneinander, die Rollen der Lehrenden und der Lernenden wechselten sich themen- und kontextspezifisch ab. Mittlerweile hat sich ein breites Allgemeinwissen über das Corona-Virus und die Covid-19-Erkrankung etabliert, ein Wissenskanon zu dieser Thematik ist entstanden, auf den neu hinzukommende Erkenntnisse zurückgreifen können, parallel dazu haben sich auch einige Menschen aus dem Diskurs ausgeklinkt und ihre Beteiligung am öffentlichen Lernen und der daran anschließenden Meinungsbildung aufgekündigt. Das ist für demokratische Gesellschaften ein massives Problem, es ist aber individuell legitim – darauf kommen wir noch zurück.

Kollaboratives Lernen folgt keinem Lehrplan, sehr wohl aber einem Lernziel. So war und ist immer deutlich, was das Ziel des öffentlichen Lernprozesses in dieser Pandemie (hierzulande) sein sollte: politische Entscheidungen zum Umgang mit der Pandemie treffen zu können, also als Gesellschaft zu entscheiden, was zu tun ist (auf der Handlungsebene), und zu wissen, warum man es tut (auf der Begründungsebene). Unübersehbar wurden dabei Lernprozesse zu explizit politischen Prozessen, in denen verschiedene gesellschaftliche Bedarfe und zahlreiche individuelle Rechte in Konflikt zueinander gerieten.

Fundamentales Lernen

Diese öffentlichen Lernprozesse führten zu großem Stress und ermöglichten dennoch ein kurzfristiges Handeln der demokratischen Gesellschaft. In der langen Perspektive können sie noch viel weitreichendere Auswirkungen haben, und zwar wenn aus ihnen neue „Überzeugungssysteme" entstehen sollten. Dies bezeichnete Hansjörg Siegenthaler (1987) als fundamentales Lernen. In der Erklärung des Begriffs erläuterte er, wie wichtig dafür eine öffentliche Auseinandersetzung mit Anderen über die Frage ist, was brauchbar, effektiv und funktional für die jeweilige Gesellschaft sein kann und wie dementsprechend das neue Überzeugungssystem aussehen sollte (siehe Siegenthaler 1987). Fundamentales Lernen kann daher verstanden werden als die Verstetigung öffentlicher Lernprozesse in neue Überzeugungssysteme, um die gestritten wird, die dann aber mehrheitlich akzeptiert und geteilt werden, um schließlich dem neu Gelernten auch langfristig politisch gerecht werden zu können. Ob dies in Bezug auf den öffentlichen Diskurs zur Corona-Pandemie der Fall ist, wird im Folgenden genauer betrachtet.

Verändern sich unsere Ordnungssysteme oder bewähren sie sich?

Könnte das öffentliche Lernen, das wir seit 2020 im deutschsprachigen Raum erfahren, ein fundamentales Lernen in Siegenthalers Sinne sein? Sind also ein oder mehrere neue Überzeugungs- bzw. Ordnungssysteme (siehe Schnabel 2009) im Entstehen – oder bestätigen die bestehenden Systeme nicht vielmehr ihre Wirkmächtigkeit in der Krise?

Einerseits löste die Erfahrung, wie heftig unsere Umwelt (hier in Form eines Virus) auf jeden Bereich unseres Lebens Einfluss nehmen und wie viele Opfer das fordern kann, einen Schock aus, der zur Veränderung von Ordnungssystemen[2] ausreichen würde. Die sogenannten westlichen Gesellschaften fußen auf der Kontrolle der Umwelt und unserer eigenen, menschlichen Natur, demnach auch unserer Gesundheit – basierend auf dem aufklärerischen Gedanken, dass Menschen ihr Leben selbst bestimmen können. In der Corona-Pandemie jedoch brach die Ohnmacht gegenüber natürlichen Prozessen über die Gesellschaft herein und stellte diese Gewissheit dramatisch in Frage. Es wurde sichtbar, dass die existierenden Strukturen zur Bewältigung der Krise die Erwartungen vieler Menschen nicht erfüllen konnten.

Gleichzeitig aber kann die Bekämpfung der Covid-19-Erkrankung durch Medizin, politische Rahmung und Rücksichtnahme auch als Bestätigung dafür gelten, dass unsere Ordnungssysteme sehr gut funktionieren. Dann würde zwar Verbesserungsbedarf bestehen, würden aber gerade keine grundlegenden Änderungen nötig sein. Denn in vielen Ländern der Erde sprangen unzählige Mechanismen zur Eindämmung der Katastrophe an und arbeiteten dafür, das System zu stabilisieren. Mit Hilfe der Wissenschaft, Medizintechnik, sehr viel Geld und staatlicher Organisationsstruktur wurde gegen das Coronavirus angearbeitet; mit Solidarität,

Rücksichtnahme und Verzicht wie auch mit staatlichen Zwangsmaßnahmen haben Gesellschaften den Schutz ihrer Individuen betrieben. Unabhängig davon, welche Entscheidungen wir nachträglich als richtig bezeichnen, wurde sichtbar, dass die existenten Strukturen zur Bewältigung der Krise wirkmächtig waren und der Pandemieverlauf deutlich beeinflusst wurde.

Dass es einen öffentlichen Lernprozess gab, lässt sich sicher sagen. Ob es auch ein fundamentaler Lernprozess war, ist meines Erachtens heute noch nicht zu beurteilen – diese Frage weiter zu verfolgen, wird aber ein wichtiges Kriterium sein, um die Langzeitfolgen der Pandemie verstehen zu können: Werden sich unsere Ordnungssysteme bleibend verändert haben, oder sehen wir die Krisenbewältigung vielmehr als deren Bestätigung an? Wie wird also mit der entstandenen Unsicherheit dauerhaft umgegangen?

Umgang mit Unsicherheit

„Phasen gesellschaftlicher Verunsicherung sind gerade dadurch gekennzeichnet, daß das vormals selbstverständlich geteilte Wissen unsicher wird" (Hater 2000, S. 28). Das ist als Beschreibung einleuchtend. Aber braucht es, um diese gesellschaftlichen Verunsicherungen aufzufangen, ein neues, geteiltes Wissen? Oder müsste das Ziel öffentlichen Lernens nicht sein, sich vom Bedürfnis nach Gewissheit zu lösen, wie es Gregor Lang-Wojtasik vorschlägt? *„Die [...] unsichere Sicherheit der alten Normalität müsste einer sicheren Unsicherheit weichen, mit der anerkannt wird, dass eine Rückkehr zur bisherigen Normalität keine Perspektive hat"* (Lang-Wojtasik 2020, S. 21). Es würde damit anerkannt, dass die fortwährende Veränderung von modernen Gesellschaften *„erodes the possibility of ever recovering the traditions of stability"* (Ranson 1998, S. 3). Für Regierungshandeln hieße das: *„If government is to learn to solve new public problems, it must also learn to create the systems for doing so and to discard the structure and mechanisms grown up around old problems"* (Schön 1971, S. 116 zit. nach Ranson 1998, S. 8).

---

2 Ich verwende hier den Begriff des gesellschaftlichen Ordnungssystems, nicht Überzeugungssystem, weil er weitergehend ist – also neben geteilten Überzeugungen auch etablierte Praxen und Strukturen umfasst.

Dann wäre das gesellschaftliche Ziel, Paradoxien auszuhalten wie etwa eine *„Gewisse Ungewissheit (zeitlich)"* und ein *„Gewusstes Nichtwissen (sachlich)"* (Lang-Wojtasik 2020, S. 21) und die daraus resultierenden Probleme in einer öffentlichen Lernstruktur zu verhandeln, die diesen Paradoxien gerecht werden kann. Das würde bedeuten, fehlende Gewissheit als einen fortdauernden öffentlichen Lernanlass zu verstehen, woraus auch politisch ein neuer Umgang mit Sicherheit und Unsicherheit folgt.

Umgang mit Unwissen

Doch bleibt diese Vorstellung naiv, solange sie nicht den menschlichen Bedürfnissen nach Ruhe und Routine, Nicht-wissen-Wollen und Nicht-lernen-Müssen nachkommt, solange also das Bedürfnis nach Stabilität und Vertrautheit nicht angemessenen Raum bekommt. Menschen leben schon immer mit Unsicherheit und Unwissenheit – notwendigerweise. Die menschliche Fähigkeit zur Ignoranz, um daran nicht zu leiden, wird jede*r von sich selber kennen: Es ist ein legitimer Ausdruck der Eigenfürsorge, sich nicht jeder Unsicherheit und jeder Unwissenheit stetig auszusetzen.

Vereinfachung, Religiosität und Populismus waren und sind wiederkehrende Reaktionsmuster auf solche Überforderung. Dass sie in Corona-Zeiten Anklang finden, entspricht dem menschlichen Bedürfnis nach Stabilität. In aufgeklärten, demokratischen Gesellschaften können erstmal nur vertrauensvolle Institutionen und das Erleben von öffentlicher Sicherheit und gesellschaftlicher Fürsorge dazu beitragen, den Stress der Unsicherheit und des Unwissens abzufangen. Eine neue Kultur der (Un-)Sicherheit aufzubauen, wie Lang-Wojtasik sie entwirft, wird eine langwierige Aufgabe und stellt eine große kulturelle Herausforderung dar. Auf die fortwährenden Lernanlässe gesellschaftlicher Paradoxien kann daher nicht allein mit lebenslanger Bildungsarbeit reagiert werden, um das öffentliche, gemeinsame Lernen idealerweise allen möglich zu machen. Bildung wird bei vielem weiterhelfen, aber Lernen erfordert immer Initiative und kostet die Überwindung, sich auseinandersetzen zu wollen. Daher braucht es, neben einem fortlaufenden Bildungsangebot, das sich an Individuen richtet, ein Verständnis für das öffentliche Lernen als gemeinsamen Prozess, an dem alle teilnehmen, ohne als Einzelne jede Anforderung erfüllen zu müssen.

Literatur

De Laat, Maaten/Simons, Robert-Jan (2002): Kollektives Lernen. Theoretische Perspektiven und Wege zur Unterstützung von vernetztem Lernen. In: Berufsbildung, Nr. 27. 2002/III. Online: https://www.cedefop.europa.eu/files/etv/Upload/Information_resources/Bookshop/324/27_de_delaat.pdf [Stand: 2022-06-03].

Evers, Adalbert/Nowotny, Helga (1987): Über den Umgang mit Unsicherheit: die Entdeckung der Gestaltbarkeit von Gesellschaft. Frankfurt am Main: Suhrkamp.

Hater, Katrin (2000): Gesellschaftliches Lernen im politischen Diskurs. Eine Fallstudie zum Diskurs über das Braunkohletagebauvorhaben Garzweiler II. Wiesbaden: Leske + Budrich.

Höffe, Ottfried (1978): Strategien der Humanität: Öffentliche Entscheidungsfindung als methodischer Kommunikationsprozess. In: Brembach, Udo (Hrsg.): Politische Wissenschaft und politische Praxis. Tagung der Deutschen Vereinigung für politische Wissenschaft in Bonn, Herbst 1977. Opladen: Westdeutscher Verlag.

Hofmann, Matthias (2008): Lernen aus Katastrophen. Nach den Unfällen von Harrisburg, Seveso und Sandoz. Berlin: edition sigma.

Howaldt, Jürgen/Jacobsen, Heike (2010): Soziale Innovation. Auf dem Weg zu einem postindustriellen Innovationsparadigma. Wiesbaden: VS Verlag für Sozialwissenschaften.

Lang-Wojtasik, Gregor (2020): Unsichere Sicherheit und Sichere Unsicherheit – Gedanken zu einer „neuen Normalität" im Bildungsbereich mit globaler Perspektive. In ZEP. Zeitschrift für internationale Bildungsforschung und Entwicklungspädagogik 43 (2020) 3, S. 18-22. Online: https://www.pedocs.de/volltexte/2021/21243/pdf/ZEP_3_LangWojtasik_Unsichere_Sicherheit.pdf [Stand: 2022-06-03].

Malzahn, Nils/Hoppe, Ulrich (2014): Werkzeuge und Methoden für eine Web 2.0.-Lehre in der beruflichen Bildung. In: Krämer, Nicole C./Sträfling, Nicole/Malzahn, Nils/Ganster, Tina/Hoppe H. Ulrich (Hrsg.): Lernen im Web 2.0. Erfahrungen aus Berufsausbildung und Studium. Bielefeld: wbv.

Mikula, Regina (2008): Die Mehrperspektivität des Lernens in der Verortung und Rekonstruktion biographischer Veränderungsprozesse. In: Egger, Rudolf/Mikula, Regina/Haring, Sol/Felbinger, Andrea/Pilch-Ortega, Angela (Hrsg.): Orte des Lernens. Wiesbaden: VS Verlag für Sozialwissenschaften.

Nowotny, Helga/Schmutzer, Manfred (1974): Gesellschaftliches Lernen. Wissenserzeugung und die Dynamik von Kommunikationsstrukturen. Frankfurt/New York: Herder und Herder.

Ranson, Stewart (Hrsg.) (1998): Inside the Learning Society. London/New York: Bloomsbury Publishing.

Schnabel, Annette (2009): Wo kämen wir hin, wenn wir Ideologien reduzierten? Ideologien in methodologisch-individualistischer Perspektive. In: Greve, Jens/Schnabel, Annette/Schützeichel, Rainer (Hrsg.): Das Mikro-Makro-Modell der soziologischen Erklärung. Zur Ontologie, Methodologie und Metatheorie eines Forschungsprogramms. Wiesbaden: VS Verlag für Sozialwissenschaften.

Schön, Donald A. (1971): Beyond the Stable State. New York.

Siegenthaler, Hansjörg (1987): Soziale Bewegungen und gesellschaftliches Lernen im Industriezeitalter. In: Dahinden, Martin (Hrsg.): Neue soziale Bewegungen – und ihre gesellschaftlichen Wirkungen. Zürich: Verlag der Fachvereine.

Dr.* Gesa Heinbach

g.heinbach@univw.uni-saarland.de
https://www.uni-saarland.de
+49 (0)681 302-4799

Gesa Heinbach studierte Kulturanthropologie, Politologie und Philosophie in Frankfurt am Main und promovierte am Lehrstuhl für Politische Theorie- und Ideengeschichte der TU Darmstadt zu den ideengeschichtlichen Grundlagen des europäischen Migrationsrechts. Aktuell ist sie am Continuing Education Center Saar der Universität des Saarlandes Referentin für die Entwicklung wissenschaftlicher Weiterbildung.

"Learning to Live" with the Coronavirus

On the meaning of learning together in political public spheres

Abstract

Learning is an individual as well as a social or public process—especially when it relates to topics subject to political negotiation. This was apparent during the coronavirus pandemic, in which our shared knowledge about the virus, its spread, danger, etc., had a direct influence on what political decisions were made to contain it. Public learning processes can become fundamental learning processes if learning leads to permanent change in the structures of our society . Whether this is true of public learning during the pandemic can still not be assessed. Yet apart from that, it must be understood that the interaction between knowing and not knowing is an important part of dealing with uncertainty and will remain so in the future.

Verständnisse und Missverständnisse des Kritik-Begriffs

Reflexive Kritik als Modus einer mündigkeitsorientierten politischen Bildung

Stefan Müller

Müller, Stefan (2022): Verständnisse und Missverständnisse des Kritik-Begriffs. Reflexive Kritik als Modus einer mündigkeitsorientierten politischen Bildung. In: Magazin erwachsenenbildung.at. Das Fachmedium für Forschung, Praxis und Diskurs. Ausgabe 46, 2022. Online: https://erwachsenenbildung.at/magazin/ausgabe-46.

Schlagworte: Kritik, Mündigkeit, Dialektik, Kritische Theorie, Reflexivität, Normativität, Autonomie, Theodor W. Adorno, politische Bildung, Beutelsbacher Konsens

Abstract

Kritik gilt als Ausgangspunkt von Veränderung und ist damit sowohl Voraussetzung als auch ein Ziel politischer Bildung. Gleichzeitig dient Kritik als Bezugspunkt für allerhand: Man spricht von sog. „Asylkritik" statt von Rassismus, von sog. „Israelkritik" statt von Antisemitismus und schließlich versprechen Verschwörungserzählungen einen „kritischen Blick" hinter die Kulissen. Während Kritik einerseits die Ressentiments aufklären kann, gibt es andererseits auch Ressentiments, die als „Kritik" erscheinen. Die Sozialforscher der Kritischen Theorie Theodor W. Adorno und Max Horkheimer entwickelten ein erweitertes, dialektisches Konzept von Kritik: die reflexive Kritik bzw. kritische Reflexivität. Kritik in diesem Verständnis dient nicht dazu zu zeigen, was einem nicht passt, sondern ist ein Modus der Reflexivität, der auch Distanz ermöglicht. Dabei geht die reflexive Befragung so weit, dass auch unbeabsichtigte, den eigenen Annahmen diametral widersprechende Annahmen und Folgen diskutierbar werden. Einbezogen werden zudem Reflexionen auf normative Annahmen. Ein derartiges Kritikverständnis ist die Grundlage für eine mündigkeitsorientierte politische Bildung, in der dichotome Standpunkte und normative Annahmen reflektiert werden, den Lernenden Wissen um gesellschaftlich kursierende Ressentiments reflexiv zur Verfügung gestellt wird und Effekte für die strukturelle und soziale Legitimierung von Ein- und Ausschlussmechanismen diskutiert werden. (Red.)

09

Verständnisse und Missverständnisse des Kritik-Begriffs

Reflexive Kritik als Modus einer mündigkeitsorientierten politischen Bildung

Stefan Müller

Die Verbesserung der Gesellschaft durch Kritik bildet einen Topos, der die Geschichte der politischen Bildung nachhaltig prägt. Kritik gilt als Movens von Veränderung, auch als Voraussetzung und als Ziel politischer Bildung. Gleichzeitig dient Kritik als Bezugspunkt für so allerhand.

Es scheint, als gebe es keine Rassist/-innen mehr, sondern nur Asylkritik. Verschwörungserzählungen gehen mit dem Versprechen einher, „kritisch" hinter die Kulissen zu blicken, und antisemitische Ressentiments werden unter dem Dach der sog. Israelkritik geäußert (siehe zur Kritik dazu Bernstein/Grimm/Müller 2022). Während Kritik die Ressentiments aufklären kann, kann Kritik also auch selbst als Ressentiment fungieren.

Es gibt demnach sehr viele ungleichnamige Verständnisse dessen, was mit dem Begriff der Kritik gemeint ist. Festgehalten werden kann hier zunächst, dass die Selbstverortung als „kritisch" weder automatisch noch zwangsläufig einen Beitrag zum Ausbau gesellschaftlicher Freiheit bedeuten muss.

Der folgende Beitrag zielt auf eine sozialwissenschaftlich reflexive Konzeption von Kritik ab. Diese zeichnet sich durch die Reflexion auf dichotome Begründungsmuster aus (vgl. Müller 2021, S. 135-154).

Damit werden sowohl die normativen als auch die strukturellen Annahmen befragbar, die in Eigen- und Fremdzuschreibungen eingehen, auch in jene, sich als Kritiker/-in zu sehen bzw. gesehen zu werden.

Verständnisse und Missverständnisse, was Kritik bedeuten kann

Eine weitreichende und zugleich erklärungsbedürftige Variante einer reflexiven Kritik liegt mit der dialektischen Konzeption von Theodor W. Adorno und Max Horkheimer vor. Adorno und Horkheimer waren von einem dichotomen Modell, das gesellschaftliche Phänomene in einen Bereich der Kritik und einen davon abgrenzbaren Bereich einsortiert, nicht überzeugt. Sie entwickelten ein dialektisches Paradigma, das auf dichotome Zuschreibungen sowie auf normative Annahmen in der eigenen Theoriearchitektur zu reflektieren erlaubt.

Kritik war und ist in diesem Sinne nicht nur für die unmittelbare Umsetzung in der Praxis eine mehr oder weniger nützliche Sache, obwohl sie oft einzig so verstanden und folglich missverstanden wurde. Adorno und Horkheimer ging es um ein erweitertes Konzept von Kritik, eine reflexive Kritik bzw. eine kritische Reflexivität.

Für die politische Bildung hat Wolfgang Sander herausgearbeitet, wie eine mündigkeitsorientierte Konzeption von Kritik durch eine *„Gesinnungs- oder Bekenntnisgemeinschaft"* (Sander 2013, S. 246) unterlaufen und verkürzt werden kann. Damit ist eine theoretische Herausforderung verbunden, die auf den Umstand reflektiert, dass es sehr unterschiedliche Verständnisse von und sogar einige Missverständnisse darüber gibt, was Kritik bedeuten kann.

In dem im Folgenden diskutierten Verständnis von Kritik *„heißt ‚Kritik' nicht, daß dem Theoretiker das nicht paßt und jenes auch nicht, sondern es ist die Denkhaltung der Reflexivität, die gelernt und trainiert sein will"* (Steinert 1998, S. 188). Damit gehe ich der Frage nach, was eine Konzeption von Kritik in der politischen Bildung auszeichnet, die im Anschluss an Adorno und Horkheimer einen Horizont der Mündigkeit öffnet. Sichtbar werden soll dadurch auch, wie Kritik unterlaufen werden kann, wenn sie beispielsweise dichotomen oder gesinnungsethischen Behauptungen verhaftet bleibt.

Mit einem solchen reflexiven Kritikverständnis gehen zwei besonders prominente Herausforderungen einher. Die erste Herausforderung entnehme ich den normativen Grundlagen einer reflexiven Kritik. Hier geht es mir darum, in Grundzügen zu skizzieren, welche normativen Annahmen mit einer Gesinnungsethik bzw. mit Mündigkeit (nicht) verbunden sind.

Damit hängt auch die zweite Herausforderung zusammen, die das Grundmotiv der Kritischen Theorie bildet: die Dialektik. Ein dialektisches Modell von Kritik, wie es Adorno und Horkheimer skizzieren, legt die Einschränkungen offen, die mit dichotomen Behauptungen, Proklamationen und Setzungen verbunden sind.

Insgesamt geht es mir darum, den mündigkeitsorientierten Kern politischer Bildung weiter auszubauen.

Dazu schlage ich im Anschluss an die Kritische Theorie und an die Hinweise von Sander vor, auf die dialektische Struktur von Kritik und auf die damit (nicht) verbundenen normativen Annahmen zu reflektieren.

Kritikverständnisse (auch die eigenen) können dann jenseits von dichotomen Setzungen reflexiv befragbar gehalten werden. Sichtbar wird, dass die Selbstbeschreibung als „kritisch" weder für eine sozialwissenschaftlich fundierte Kritikkonzeption noch für die Gestaltung von mündigkeitsorientierten politischen Bildungserfahrungen ausreicht (siehe Müller 2020b). Es kommt vielmehr auf die inneren Gegenläufigkeiten im Kritikbegriff selbst und die damit (nicht) verbundenen normativen Annahmen und Folgen an.

Normativität – aber welche? Gesinnungsethik oder Mündigkeit

Vor normativen Zuschreibungen dessen, was sie für die Gesellschaft leisten soll, kann sich die politische Bildung kaum retten. Aber auch innerhalb der politischen Bildung nimmt die Frage nach „guter" und nach weniger überzeugender Bildung breiten Raum ein. Letztlich geht es bei diesen Diskussionen um die Frage, ob es normative Bezugspunkte gibt, die mit einer „guten" politischen Bildung einhergehen – und wenn ja, welche.

Hier bilden Bezugnahmen auf Mündigkeit den Dreh- und Angelpunkt. Allerdings zeigt sich dann zumeist früher als später, dass eine Selbstbeschreibung als kritisch – als mündigkeitsorientierter Ansatz – ebenfalls kaum ausreicht, denn die eigenen guten Absichten, kritisch zu sein und Mündigkeit zu befördern, können den Lernenden auch (unbeabsichtigt) übergestülpt, aufgedrängt oder durch Benotung und Bewertung nahegelegt werden.

Die erste Herausforderung einer mündigkeitsorientierten Konzeption von Kritik kreist um die Frage der *normativen Annahmen* der in Anspruch genommenen Begründungen. Auf der einen Seite lauert hier das Problem einer Gesinnungs- und Bekenntnisgemeinschaft. Auf der anderen Seite öffnet sich ein Horizont mündigkeitsorientierter Bezüge, die Lernende in ihrer Autonomie unterstützen und fördern, und nicht instrumentalisieren. Im Mittelpunkt steht somit die Frage, welche Maßstäbe für die Bewertung von „guter" politischer Bildung (nicht) herangezogen werden.

Gesinnungsethik und die richtige Haltung

Eine der kursierenden Antwortmöglichkeiten auf die Frage nach den normativen Grundlagen politischer Bildung nimmt Bezug auf die (eigene) Haltung, die wahlweise als „richtige" oder „falsche" hervorgebracht oder geändert werden soll.

Erstaunen darüber, dass die Forderung nach Haltung gänzlich anderen Kontexten entstammt, scheint hier kaum zu herrschen. Haltung wird beispielsweise im Sport und im Militär erforderlich (vgl. zum fachdidaktischen Problem der Haltung May 2021; Sander 2021, S. 297).

Die normativen Annahmen, die die Bestrebungen der „richtigen Haltung" prägen, wurzeln oftmals in dem, was Max Weber als Gesinnungsethik beschrieben hat: *„Wenn die Folgen einer aus reiner Gesinnung fließenden Handlung üble sind, so gilt ihm [dem Gesinnungsethiker, St.M.] nicht der Handelnde, sondern die Welt dafür verantwortlich, die Dummheit der anderen Menschen oder – der Wille des Gottes, der sie so schuf"* (Weber 2010 [1919], S. 56). Die anderen sind schuld; Hauptsache, die eigene Haltung (Gesinnung) stimmt.

Auch den kritischen Theoretiker Adorno konnte eine Gesinnungsethik nicht überzeugen, erhebt ein gesinnungsethischer Ansatz die eigene Weltanschauung doch zum Maßstab der Kritik: Eine *„Gesinnungsethik ist diejenige, die auf den reinen Willen rekurriert, also die Innerlichkeit des moralischen Subjekts als die einzige Instanz anerkennt"* (Adorno 2010, S. 221).

Adorno und Horkheimer setzen daher auf eine andere Lösungsmöglichkeit. Diese universalisiert das Verfahren der Kritik, weil auch und gerade die Annahmen der eigenen Weltanschauung einer reflexiven Perspektive der Kritik unterzogen werden, ohne in einen unbestimmten Relativismus zu verfallen. Was aber ist dann der normative Maßstab der Kritik in der Kritischen Theorie?

Mündigkeit

Adorno fasst den normativen Maßstab der Kritischen Theorie in seiner Vorlesung „Zur Lehre von der Geschichte und der Freiheit" in einem prägnanten Merksatz zusammen: *„Das Individuum ist gewissermaßen der Prüfstein der Freiheit"* (Adorno 2001, S. 247). Dies bildet den normativen Kern einer reflexiven Kritik im Anschluss an Adorno.

An den Bezugnahmen auf das Individuum lässt sich damit erkennen, inwiefern die jeweilige Kritik-Konzeption die Autonomie des Subjekts unter gesellschaftlichen Bedingungen fördert und unterstützt oder instrumentalisiert und untergräbt. Bedeutsam wird hier zudem, dass Instrumentalisierungen nicht immer nur beabsichtigten ideologischen Annahmen folgen müssen.

Die Herausforderung besteht vielmehr darin, Konzeptionen und Bildungsangebote daraufhin befragbar zu halten, inwiefern sie die Autonomie des Subjekts unterstützen oder untergraben – und zwar auch und gerade solche Angebote, die im Namen des „Guten", der „besseren Gesellschaft" oder der „Freiheit" selbst dem/der Einzelnen individuelle Beschränkungen ihrer Autonomie aufoktroyieren.

Adorno beharrt – als Gesellschafts*kritiker* – darauf, alle Rechtfertigungen und Versuche zu kritisieren, die das Individuum auch im Namen des „Guten" instrumentalisieren. An dieser Stelle zeigt sich eine Parallele zu einer mündigkeitsorientierten politischen Bildung, die die Autonomie, die Denk-, Handlungs- und Urteilsmöglichkeiten der Beteiligten fördern will (siehe Müller 2021). Auf ein solches Begründungsmuster stellen Adorno und Horkheimer ab.

Kritik: dichotom oder dialektisch?

Die zweite Herausforderung einer Konzeption von Kritik kreist um die Struktur der Argumentation. Hier steht die Frage im Mittelpunkt, ob es sich um dichotome oder nicht-dichotome Modelle handelt. Dichotomien sind durch minimal und maximal zwei Möglichkeiten charakterisiert, die einer binären entweder-oder-Logik entsprechen, oftmals verbunden mit einer Sortierung nach „gut" oder „schlecht".

Dichotome Ansätze verstehen dies nicht etwa als Ausgangspunkt für Befragungen, Reflexion und Kritik, sondern bereits als Ziel – und sie begnügen sich damit.

Nicht nur Adorno und Horkheimer melden hier Bedenken an. Auch in der differenzierungstheoretischen Systemtheorie Luhmanns werden die Einschränkungen dichotomer Kritikkonzeptionen problematisiert (siehe Luhmann 1993; Scherr 2020).

Adorno und Horkheimer argumentieren mit einer dialektischen Konzeption, die sich gegen Dichotomien wendet (siehe Müller 2013). Adorno entwickelt einen dialektischen Widerspruchs- und Vermittlungsbegriff, der darin besteht, *„daß die beiden einander entgegengesetzten Momente nicht etwa wechselseitig aufeinander verwiesen sind, sondern daß die Analyse eines jeden in sich selbst auf ein ih[m] Entgegengesetztes als ein Sinnesimplikat verweist. Das könnte man das Prinzip der Dialektik gegenüber einem bloß äußerlich, dualistisch oder disjunktiv, unterscheidenden Denken nennen"* (Adorno 1974, S. 142).

Damit wird eine dialektische Argumentationsfigur genauer beschreibbar, die – entgegen einem dichotomen Denken – auf eine Analyse innerer Vermittlungsverhältnisse fokussiert. Denn gesellschaftliche Verhältnisse sind in allen Momenten und Bestimmungen bereits enthalten und können nicht erst später hinzugefügt oder weggenommen werden. Gesellschaftliche Bestimmungen sind so gesehen nicht nur ein Problem von Perspektiven der Kritik, sondern zugleich ihre Bedingung.

Bedeutsam für die dialektische Argumentation Adornos ist nun, dass er nicht bei einer äußerlich verbleibenden Wechselseitigkeit – wie der zwischen Kritik und Affirmation – stehenbleibt. Er wendet den Blick auf das Inhaltliche und befragt beide Seiten reflexiv. Diese Reflexion hält das jeweilige Ausgangsmoment befragbar, so dass sogar noch unbeabsichtigte, den eigenen Annahmen diametral widersprechende Annahmen und Folgen diskutierbar

werden. Die Selbstverortungen von „Kritik" können dann auf mögliche affirmativ verhaftete Annahmen ebenso befragt werden wie die „affirmativen" Perspektiven auf ihre Optionen der Kritik.

Damit rücken innere Vermittlungsverhältnisse in den Blick, die so zugespitzt sein können, dass sie das eigene Gegenteil *in sich* enthalten, obwohl sie sich äußerlich vehement voneinander abgrenzen. Eine rein äußerliche Aufteilung von „Kritik" einerseits und „Affirmation" andererseits wird dann als sozialwissenschaftlich unterbestimmt kritisierbar – zumindest aus der dialektischen Perspektive Kritischer Theorie.

Damit gelingt eine reflexive Wendung, weil Bezugnahmen auf Kritik im Blick auf ihre affirmativen Implikationen und Funktionen analysiert werden können und umgekehrt: Die affirmativen Vorstellungen von „Normalität" werden so in sozialwissenschaftlicher Hinsicht kaum bruchlos der empirischen Realität entnehmbar – sie weisen Diskrepanzen und Widersprüche ebenso auf wie Hoffnungen und Wünsche. Weitaus differenzierter, als dichotome Modelle es nahelegen, wird dadurch soziale Realität reflexiv in ihrer gesellschaftlichen und individuellen Vermittlung befragbar.

Damit erweitert sich die Perspektive auf Kritik oder Affirmation erheblich. Für den Übergang in dialektische Argumentationsfiguren ist die entscheidende Weichenstellung darin enthalten, dass äußere Widersprüche (Kritik oder Affirmation) beibehalten werden und gleichzeitig die innere Vermittlung der Gegensätze *in sich* in den Blick genommen wird. Sichtbar wird dabei auch die gesellschaftliche Konstitution und Funktion von Kritik (Affirmation in der Kritik) und der Beitrag der Kritik zur Konstruktion der Normalität (Kritik in der Affirmation).

Neben dem äußeren Widerspruch kommt also den inneren Vermittlungsverhältnissen, in denen der äußere Widerspruch noch einmal auftaucht und dadurch die jeweiligen Seiten überhaupt erst konstituiert, eine hervorgehobene Bedeutung im dialektischen Paradigma zu.[1]

---

1 Vgl. ausführlich zur Unterscheidung des analytischen und des dialektischen Paradigmas Ritsert 2017a; zur Relevanz dialektischer Argumentationsfiguren am Beispiel Individuum und Gesellschaft Müller 2020a, zu Adornos reflexiv-dialektischer Bildungskonzeption Scaramuzza 2020.

Zwar gibt es auch aus Perspektive der negativen Dialektik eine Reihe von Phänomenen, die sich mit dichotomen Bezugnahmen ausreichend beschreiben und kritisieren lassen. Jedoch – und an dieser Stelle tritt die Stärke des dialektischen Paradigmas hervor – gibt es gesellschaftliche Phänomene, die mit einer dialektischen Argumentationsfigur angemessener beschrieben und kritisiert werden können.

Mündigkeit: Nicht Affirmation oder Reform, sondern Reflexion

Vor dem Hintergrund der dialektischen Vermittlung von Kritik und Affirmation wird die Relevanz dialektischer Argumentationsfiguren in der politischen Bildung verständlicher.

Der in den 1970er Jahren nach heftigen Debatten gefundene und ausformulierte „Beutelsbacher Konsens" wurde für die pädagogische Praxis politischer Bildung handlungsleitend. Der Beutelsbacher Konsens mit seinen drei Prinzipien (Überwältigungsverbot; Beachtung kontroverser Positionen in Wissenschaft und Politik; Befähigung der Schüler/-innen, in politischen Situationen ihre eigenen Interessen zu analysieren, siehe Wehling 1977) *„reagiert auf die Alternative von Affirmation oder Reform mit einer bildungstheoretischen Dialektik"* (Grammes 2017, S. 82).[2]

In einer dichotomen Anschlussmöglichkeit an den Beutelsbacher Konsens würde es erneut nur zwei Alternativen geben: entweder Affirmation oder Reform. Die Struktur des Beutelsbacher Konsens lässt aber eine weitere Interpretationsmöglichkeit zu, die einen mündigkeitsorientierten Horizont erst eröffnet.

Eine reine Position der Affirmation erscheint dann allenfalls idealtypisch und theoretisch möglich, unter Absehung von gesellschaftlichen Bedingungen, wie sie durch soziale Ein- und Ausschlussmechanismen,

Strukturen und Handlungen, durch Macht- und Herrschaftsbeziehungen geprägt sind. In dieser Hinsicht können für die Gestaltung von politischen Bildungsangeboten affirmative Positionen sogar eine hervorgehobene Bedeutung einnehmen, wenn die damit verbundenen sozialen Rechtfertigungen von Ein- und Ausschlussmechanismen so gezeigt werden können, dass sie inhaltlich nachvollzogen, problematisiert und ggf. kritisiert werden können – und nicht lediglich blind übernommen werden müssen.

Auch die scheinbar entgegengesetzte Position der Reform, die in schärferen Varianten als „radikale Kritik" auftritt, wird stets mit den Begriffen und Konzepten, Deutungsangeboten und Erzählungen, Versprechen und Ideologien arbeiten müssen, die den bestehenden („affirmativen") Verhältnissen letztlich entstammen und dennoch darüber hinausweisen können.[3]

An diesem Beispiel lässt sich die Bedeutung einer dialektischen Konzeption in der politischen Bildung zeigen. Nicht die Dichotomie von Affirmation oder Reform steht im Mittelpunkt, sondern der Modus der Reflexion: Es geht um die Gestaltung von Bildungserfahrungen, die Einführung in den Bildungsgegenstand, der zudem im Modus der Befragung „über" die Sache reflexiv informiert.

Eine solche Reflexion umfasst in einer mündigkeitsorientierten Konzeption auch die Befragung der normativen Annahmen und (möglichen) Folgen (siehe Müller 2022).[4] In der Befragung normativer Setzungen und Folgen wird dann früher oder später deutlich, wenn rassistische, gesinnungsethische oder antisemitische Motive als Ressentiment in die Selbstverortung als „Kritiker/-in" eingehen. Damit ist noch nicht unweigerlich verbunden, dass Lernende solche Positionierungen als problematisch *kritisieren* können. Es ist aber ein notwendiger Baustein dafür.

Sichtbar wird so zudem ein weiteres Element mündigkeitsorientierter politischer Bildung: Die

---

2   Zum Beutelsbacher Konsens siehe weiterführend: https://www.bpb.de/die-bpb/ueber-uns/auftrag/51310/beutelsbacher-konsens/; Anm.d.Red.

3   Auch die Versprechen immanenter Kritik werden vor diesem Hintergrund befragbar. Vgl. weiterführend zum Mythos immanenter Kritik Ritsert 2009, zu den (mindestens) zwei Kritikkonzeptionen Adornos Müller 2011, S. 63-71, zur Vermittlung immanenter und transzendenter Kritik Mende 2021, S. 181-198 und Menke 2016, S. 52ff.

4   Vgl. weiterführend zu den normativen Grundlagen politischer Bildung am Beispiel des Kontroversitätsgebots Pohl 2015, am Beispiel identitätspolitischer Verortungen Sander 2021 und im sozialwissenschaftlichen Fachunterricht Jehle 2022.

strukturellen und normativen Annahmen, welche *in* den gesellschaftlichen und individuellen Bezugnahmen auf umstrittene Debatten enthalten sind, können genauer beschrieben werden. Diese Perspektive lässt sich in der Frage zusammenfassen, ob und inwiefern mit den jeweiligen Bezugnahmen eine Unterstützung gesellschaftlicher Freiheiten als Bedingung der Möglichkeit für die Freiheit der je Einzelnen verbunden ist (siehe Menke 2016; Ritsert 2017b). Für eine mündigkeitsorientierte politische Bildung kann dies als Frage nach der Erweiterung und Untergrabung von Denk-, Handlungs- und Urteilsmöglichkeiten in der Gestaltung von politischen Bildungserfahrungen operationalisiert werden (siehe Müller 2021).

Das erlaubt eine Kritik von sozialen Ein- und Ausschlussmechanismen, von gesellschaftlich reproduzierten Ressentiments, von strukturellen Ursachen anhand des Maßstabs der Untergrabung und der gleichzeitig möglichen Förderung der Autonomie von Lernenden. Damit wird nicht lediglich dichotom dem kritisierten Gegenstand entgegengehalten, dass er problematisch, falsch oder ideologisch verblendet sei. Vielmehr handelt es sich um eine Rekonstruktion der Annahmen im kritisierten Gegenstand, um die darin enthaltene Legitimation sozialer Ein- und Ausschlussmechanismen zu zeigen und ggf. zu problematisieren.

Spätestens an dieser Stelle werden Selbst- und Fremdzuschreibungen als „Asylkritiker/-in" oder „Israelkritiker/-in" im Blick auf ihre soziale Rechtfertigung als gesellschaftlich kursierende Ressentiments kritisierbar. Ermöglicht wird dies durch ein Verständnis von Kritik, das gesellschaftlich kursierende Legitimierungen von Ein- und Ausschlussmechanismen befrag- und problematisierbar hält.

Optionen einer mündigkeitsorientierten politischen Bildung im Anschluss an den Beutelsbacher Konsens werden deutlich, wenn Bildungsgegenstände, auch und gerade sozialwissenschaftliches Wissen um und gegen gesellschaftlich kursierende Ressentiments, reflexiv für die Lernenden zur Verfügung gestellt werden. Dies umfasst die Befragung der normativen

Annahmen in den jeweiligen Begründungsmustern. Diskutiert werden können so auch die Effekte für die strukturelle und soziale Legitimierung von Ein- und Ausschlussmechanismen. Selbstverortungen auf Seiten der „Kritik" oder Fremdzuschreibungen als „affirmativ" *müssen* weder logisch noch empirisch automatisch mit der Unterstützung und Förderung von Mündigkeit verbunden sein – ganz im Gegenteil. Sie können aber damit verbunden werden, wenn eine Reflexion auf die inneren Gegenläufigkeiten im jeweiligen Begründungsmuster ebenfalls mit einbezogen wird. An dieser Stelle erweist sich dann auch die Grundstruktur des Beutelsbacher Konsens jenseits von Dichotomien als dialektisches Spannungsfeld.

Konklusion

Zwei Herausforderungen wurden in diesem Beitrag andiskutiert, die ein reflexives Verständnis von Kritik im Anschluss an die Kritische Theorie für eine mündigkeitsorientierte politische Bildung prägen: Die bloße Selbstvergewisserung als „Kritiker/-in" wird dabei ebenso wenig ausreichen wie die Ausblendung normativer Annahmen.

Beiden Verkürzungen kann in der politischen Bildung entgegnet werden mithilfe der Reflexion auf dichotome Standpunkte sowie der Reflexion auf die normativen Annahmen, wie sie im weiten Feld zwischen gesinnungsethischen und mündigkeitsorientierten Bezügen verortet werden können. Mit einem Verständnis reflexiver Kritik, wie es im dialektischen Paradigma vorliegt, kann eine mündigkeitsorientierte politische Bildung eröffnet werden. Gestützt auf eine dialektische Lesart des Beutelsbacher Konsens wird Mündigkeit an die Förderung und die Erweiterung von Denk-, Handlungs- und Urteilsmöglichkeiten der Lernenden gekoppelt – unter gesellschaftlichen Bedingungen. Diese Lesart erlaubt es dann auch, die gesellschaftlichen Zumutungen und Einschränkungen, Beschädigungen und Diskriminierungen sowie virulente Ressentiments *zu kritisieren*.

Literatur

Adorno, Theodor W. (1974): Philosophische Terminologie. Zur Einleitung (1962) (Bd. 2). Frankfurt am Main: Suhrkamp.

Adorno, Theodor W. (2001): Zur Lehre von der Geschichte und von der Freiheit. Frankfurt am Main: Suhrkamp.

Adorno, Theodor W. (2010): Einführung in die Dialektik (1958). Nachgelassene Schriften. Berlin: Suhrkamp.

Bernstein, Julia/Grimm, Marc/Müller, Stefan (Hrsg.) (2022): Schule als Spiegel der Gesellschaft. Antisemitismen erkennen und handeln. Frankfurt am Main: Wochenschau-Verlag.

Grammes, Tilman (2017): Inwiefern ist der Beutelsbacher Konsens Bestandteil der Theorie politischer Bildung? In: Frech, Siegfried/ Richter, Dagmar (Hrsg.): Der Beutelsbacher Konsens. Bedeutung, Wirkung, Kontroversen. Schwalbach/Ts.: Wochenschau-Verlag, S. 69-86.

Jehle, May (2022): Normative Ordnungen und ihnen zugrunde liegende Grundwerte. Studien zum reflexiven Umgang mit Grundwerten der Demokratie in der politischen Bildung anhand historischer Unterrichtsaufzeichnungen. In: Zeitschrift für Didaktik der Gesellschaftswissenschaften, Jg. 13, Heft 1, S. 40-58.

Luhmann, Niklas (1993): „Was ist der Fall?" und „Was steckt dahinter?" Die zwei Soziologien und die Gesellschaftstheorie. In: Zeitschrift für Soziologie 4, 1993, S. 245-260.

May, Michael (2021): Haltung ist keine didaktische Strategie! Zu einem Missverständnis im Kontext der Demokratiebildung. In: Gesellschaft – Wirtschaft – Politik (GWP). Sozialwissenschaften für politische Bildung 1, 2021, S. 17-21.

Mende, Janne (2021): Der Universalismus der Menschenrechte. München: utb.

Menke, Christoph (2016): Vom Glücken der Freiheit. Ein Gespräch über Kritik und Versöhnung. Christoph Menke im Gespräch mit Janne Mende und Stefan Müller. In: Müller, Stefan/Mende, Janne (Hrsg.): Differenz und Identität. Konstellationen der Kritik. Weinheim: Beltz-Juventa, S. 29-63.

Müller, Stefan (2011): Logik, Widerspruch und Vermittlung. Aspekte der Dialektik in den Sozialwissenschaften. Wiesbaden: VS Verlag für Sozialwissenschaften.

Müller, Stefan (2013): Halbierte oder negative Dialektik? Vermittlung als Schlüsselkategorie. In: Ders. (Hrsg.): Jenseits der Dichotomie. Elemente einer sozialwissenschaftlichen Theorie des Widerspruchs. Wiesbaden: VS Verlag für Sozialwissenschaften, S. 181-202.

Müller, Stefan (2020a): Beyond a Binary Approach. Contradictions and Strict Antinomies. In: Lossau, Julia/Warnke, Ingo H./ Schmidt-Brücken, Daniel (Hrsg.): Spaces of Dissension: Towards a new Perspective on Contradiction. Wiesbaden: VS Verlag für Sozialwissenschaften, S. 151-168.

Müller, Stefan (2020b): Das Versprechen vom Bessermachen. Reflexion und Kritik im Kontext institutioneller Bildung. In: itdb – inter- und transdisziplinäre Bildung, Bd. 1 (2020), 5-83, S. 6-15. Online: https://zenodo.org/record/3734998 [Stand: 2022-06-06].

Müller, Stefan (2021): Reflexivität in der politischen Bildung. Untersuchungen zur sozialwissenschaftlichen Fachdidaktik. Frankfurt am Main: Wochenschau-Verlag.

Müller, Stefan (2022): Kontroversität. In: Sander, Wolfgang/Pohl, Kerstin (Hrsg.): Handbuch politische Bildung. Frankfurt am Main: Wochenschau-Verlag, S. 231-239.

Pohl, Kerstin (2015): Kontroversität: Wie weit geht das Kontroversitätsgebot für die politische Bildung? Online: http://www.bpb.de/gesellschaft/kultur/zukunft-bildung/208270/kontroversitaet?p=all [Stand: 2022-06-06].

Ritsert, Jürgen (2009): Der Mythos der nicht-normativen Kritik. Oder: Wie misst man die herrschenden Verhältnisse an ihrem Begriff? In: Müller, Stefan (Hrsg.): Probleme der Dialektik heute. Wiesbaden: VS Verlag für Sozialwissenschaften, S. 161-176.

Ritsert, Jürgen (2017a): Summa Dialectica. Ein Lehrbuch zur Dialektik. Weinheim: Beltz-Juventa.

Ritsert, Jürgen (2017b): Zur Philosophie des Gesellschaftsbegriffs. Studien über eine undurchsichtige Kategorie. Mit einem Vorwort von Stefan Müller und Albert Scherr. Weinheim: Beltz-Juventa.

Sander, Wolfgang (2013): ‚Kritische politische Bildung' – eine Dekonstruktion. In: Widmaier, Benedikt/Overwien, Bernd (Hrsg.): Was heißt heute kritische politische Bildung? Schwalbach/Ts.: Wochenschau-Verlag, S. 240-248.

Sander, Wolfgang (2021): Identität statt Diskurs? Diskursivität in der politischen Bildung und ihre Gefährdungen. In: Pädagogische Rundschau 3, 2021, S. 293-306.

Scaramuzza, Elia (2020): Bildung als Reflexion: Adornos reflexiv-dialektischer Bildungsbegriff. In: itdb – inter- und transdisziplinäre Bildung, Jg. 2, Heft 2, S. 38-41.

Scherr, Albert (Hrsg.) (2020): Systemtheorie und Differenzierungstheorie als Kritik. Perspektiven in Anschluss an Niklas Luhmann. Weinheim: Beltz-Juventa.

Steinert, Heinz (1998): Kulturindustrie. Münster: Westfälisches Dampfboot.

Weber, Max (2010): Politik als Beruf (1919). Berlin: Duncker & Humblot.

Wehling, Hans-Georg (1977): Konsens à la Beutelsbach? Nachlese zu einem Expertengespräch. In: Schiele, Siegfried/Schneider, Herbert (Hrsg.): Das Konsensproblem in der politischen Bildung. Stuttgart, S. 173-184.

Prof. Dr. Stefan Müller

stefan.mueller@fb4.fra-uas.de
https://www.frankfurt-university.de
+49 (0)641 99-23401

Stefan Müller, Fachgebiet Soziale Probleme, Bildung und Gesellschaft an der Frankfurt University of Applied Sciences und Privatdozent für Didaktik der Sozialwissenschaften an der Justus-Liebig-Universität Gießen.

Understandings and Misunderstandings of the Concept of Criticism

Reflexive criticism as a mode of maturity-oriented political education

Abstract

Criticism is regarded as the starting point for change and is thus both a prerequisite for and an objective of political education. At the same time, criticism serves as a reference point for many different things: We speak of "criticism of asylum" instead of racism and "criticism of Israel" instead of antisemitism, and conspiracy theories ultimately promise to provide a "critical look" behind the scenes. While criticism can explain ressentiment, there is also ressentiment that appears as "criticism." The social researchers of critical theory Theodor W. Adorno and Max Horkheimer developed an expanded, dialectic concept of criticism: reflexive criticism or critical reflexivity. This understanding of criticism does not serve to show what one does not like but is a mode of reflexivity that must be learned and trained. Reflective questioning goes as far as to discuss unintentional assumptions and consequences diametrically opposed to one's own assumptions. Reflections on normative assumptions are also involved. Such an understanding of criticism is the basis for a maturity-oriented political education in which dichotomous points of view and normative assumptions are reflected, knowledge of ressentiment circulating in society is reflexively made available to learners and effects on the structural and social legitimacy of mechanisms of inclusion and exclusion are discussed. (Ed.)

Politische Erwachsenenbildung in der Krise? Eine Reflexion

Michael Görtler und Charlotte Palatzky

Zitation

Görtler, Michael/Palatzky, Charlotte (2022): Politische Erwachsenenbildung in der Krise? Eine Reflexion. In: Magazin erwachsenenbildung.at. Das Fachmedium für Forschung, Praxis und Diskurs. Ausgabe 46, 2022. Online: https://erwachsenenbildung.at/magazin/ausgabe-46.

Schlagworte: Repräsentationskrise, Krise der Demokratie, politische Erwachsenenbildung, politische Bildung

Abstract

Im Verlauf der Covid-19-Pandemie war in Gesellschaft, Politik und Wissenschaft immer wieder von einer „Krise der Demokratie" die Rede. Diese „Krise der Demokratie" ist auch eine „Krise der Repräsentation": Reale Politik wird hinter verschlossenen Türen gemacht – und das im Eiltempo –, die Mehrheit der Bürger*innen spielt eine passive Rolle. Politische Erwachsenenbildung hat die Aufgabe, diese Krise zu diskutieren. Allerdings befindet sie sich selbst schon seit Längerem in einer Krise: In ihrer Heterogenität fehlt ihr eine Standortbestimmung, die Übergänge zur non-formalen Bildung und schulischen politischen Bildung, aber auch zu anderen Professionen sind fließend. Darüber hinaus gibt es noch kein einheitliches Profil hinsichtlich Professionalität in der politischen Erwachsenenbildung, kein einheitliches Berufsbild, keine einheitliche Aus-, Fort- oder Weiterbildung und auch keine einheitliche Didaktik. Nicht zuletzt fehlt es an stetiger Finanzierung politischer Bildung und die Teilnahmequoten liegen deutlich hinter anderen Weiterbildungsbereichen zurück. An Ansatzpunkten zur Krisenbewältigung fehlt es also nicht. (Red.)

10

Thema

Politische Erwachsenenbildung in der Krise? Eine Reflexion

Michael Görtler und Charlotte Palatzky

Der Begriff der Krise nimmt momentan in den Diskursen von Gesellschaft und Politik, aber auch in der Wissenschaft viel Raum ein. Dabei ist nicht nur von der sog. Corona-Krise, sondern auch von einer „Krise der Demokratie" die Rede, die sich in unterschiedlichen gesellschaftlichen und politischen Phänomenen, wie etwa dem Populismus, niederschlägt (siehe Hentges 2020).

Das Magazin erwachsenenbildung.at stellt in dieser Ausgabe den Begriff der Krise, den Zustand der Demokratie und – damit in enger Verbindung – die Aufgaben der politischen Erwachsenenbildung ins Zentrum der Betrachtung. Zu diesen Aufgaben gehört die kritische Reflexion von Demokratie und politischer Erwachsenenbildung in der Krise. Dabei bietet eine Krise an sich als *„über einen gewissen (längeren) Zeitraum anhaltende massive Störung des gesellschaftlichen, politischen oder wirtschaftlichen Systems"* (Schubert/Klein 2020 zit.n. Bundeszentrale für politische Bildung o.J., o.S.) immer auch *„die Chance zur (aktiv zu suchenden qualitativen) Verbesserung"* (ebd.).

Vor diesem Hintergrund wird vorliegend die These vertreten, dass die politische Erwachsenenbildung von einer noch näher zu bestimmenden Krise betroffen ist: zum einen, weil in Gesellschaft, Politik und Wissenschaft über den Status der Demokratie diskutiert wird, zum anderen, weil auch in der politischen Erwachsenenbildung selbst schon seit Längerem Krisensymptome zu erkennen sind, die im Zuge der aktuellen Entwicklungen noch deutlicher zu Tage treten.

Die Krise als Herausforderung der Demokratie

Im Kontext der Covid-19-Pandemie werden sog. Krisendiagnosen der Demokratie in Gesellschaft, Politik und Wissenschaft diskutiert (siehe Bundeszentrale für politische Bildung 2021). Was aber ist mit diesem begrifflichen Konstrukt gemeint?

Eine mögliche Interpretation besteht in der Diagnose einer Krise der Repräsentation, die als demokratisches Grundprinzip gilt. Dabei kann der Begriff der Repräsentation auf spezifische Bereiche angewendet werden (vgl. Schäfer/Zürn 2021, S. 96-101), beispielsweise auf das Verhältnis zwischen Bürger*innen und der Politik, das für die politische Erwachsenenbildung von besonderem Interesse ist, insbesondere mit Blick auf die Partizipation.

Die Krise der Demokratie als Repräsentationskrise

Colin Crouch machte im Kontext seiner Zustandsbeschreibung der „Postdemokratie" auf das eben beschriebene Verhältnis aufmerksam: So werde die

„reale Politik hinter verschlossenen Türen gemacht: von gewählten Regierungen und Eliten, die vor allem die Interessen der Wirtschaft vertreten" (Crouch 2008, S. 10). Die „Mehrheit der Bürger spielt dabei eine passive, schweigende, ja sogar apathische Rolle" (ebd.). Armin Schäfer und Michael Zürn stellten in einer jüngeren Analyse Tendenzen einer demokratischen Regression fest: „Zum einen geht es um die zunehmende Distanz der demokratischen Praxis vom Ideal der kollektiven Selbstbestimmung, weil Entscheidungen in nicht durch Wahlen legitimierte und kaum durch die Bürgerinnen kontrollierte Gremien verlagert werden. Zum anderen beinhaltet die demokratische Regression in unserem Verständnis die Abwendung von (Teilen der) Bürgerinnen von der Demokratie, weil sie sich nicht länger repräsentiert fühlen" (Schäfer/Zürn 2021, S. 11). Diese „doppelte Entfremdung" (ebd.) laufe dem demokratischen Grundprinzip der Repräsentation – und damit verbunden dem Versprechen demokratisch legitimierter Entscheidungen – diametral entgegen.

Der eben beschriebene Mangel an Repräsentation der Bürger*innen durch die Politik, beispielsweise bei der Entscheidungsfindung, übersetzt sich in die Wahrnehmung der Bürger*innen, sich tendenziell weniger repräsentiert zu fühlen, was wiederum einen zweiten Repräsentationsmangel bedingen kann – nämlich die Tendenz, sich weniger konventionell und legal politisch zu beteiligen, so dass sich Phänomene wie der Populismus als Symptome dieser krisenhaften Entwicklung betrachten lassen (vgl. Schäfer/Zürn 2021, S. 7-23).

Diese Situation scheint sich während der Covid-19-Pandemie weiter verschärft zu haben. Ein Beispiel dafür sind die Kontaktbeschränkungen, welche die Bedingungen der Partizipation für Bürger*innen weiter verschlechterten (z.B. Reglementierungen bei größeren Versammlungen, aber auch kleineren Zusammenkünften). Auch die politischen Bildungsangebote selbst, die zu eben jener Partizipation befähigen sollten, konnten nicht oder nur unter strengen Auflagen von den Bildungseinrichtungen realisiert und von ihren Adressat*innen wahrgenommen werden. Welche mittel- und langfristigen Auswirkungen diese partizipativen Einschränkungen künftig noch haben werden, bleibt abzuwarten.

Die Krise der Repräsentation als Beschleunigungs- und Resonanzkrise

Die Ursachen dieser Repräsentationskrise werden aus verschiedenen Perspektiven debattiert. Eine mögliche Interpretation kann aus einer temporaltheoretischen Perspektive erfolgen, wobei die Demokratie als ein Prozess verstanden wird, der Zeit braucht, wie etwa für die Meinungs- und Willensbildung (siehe Deutsche Gesellschaft für Zeitpolitik 2013). Dabei gilt mit Blick auf die Repräsentation weniger die Schnelligkeit als die Langsamkeit als Garant für die Legitimation von Entscheidungen (siehe ebd.).

In den letzten Jahren ist jedoch eine Tendenz zur Beschleunigung von Gesetzgebungsverfahren beobachtbar, die während der Covid-19-Pandemie nicht mehr zu übersehen war (z.B. das deutsche Infektionsschutzgesetz, das im Eiltempo novelliert wurde) – nicht zuletzt aufgrund der Notwendigkeit, so zügig wie nur irgend möglich zu agieren. Dies führte zu einer Verlagerung der Rechtsetzungskompetenzen von der Legislative zur Exekutive (z.B. Regieren durch Verordnungen), die in einer Krise schneller – aber deshalb nicht zwingend besser – agieren könne (siehe Marschall 2020). Dass sich unter Krisenbedingungen getroffene Entscheidungen in der Retrospektive nicht selten als falsch oder mangelhaft bewerten lassen, hängt also nicht zuletzt mit den zeitlichen Ressourcen, die dafür aufgewendet werden konnten, zusammen, denn genauso wie die Demokratie braucht auch ein gutes Gesetz Zeit, an der es gerade in der Covid-19-Krise mangelte (siehe Schwerdtfeger 2020).

In diesem Kontext ist die temporaltheoretische Perspektive des Sozialwissenschaftlers Hartmut Rosa, dessen Theorien im Fachdiskurs breit rezipiert werden (siehe Ketterer/Becker 2019), anschlussfähig.

Rosa verweist in seiner „Theorie der sozialen Beschleunigung" (siehe Rosa 2005) darauf, dass in der Demokratie nicht nur zwischen Bürger*innen und der Politik eine Synchronisation (im Sinne eines Zustands der zeitlichen Kongruenz) zu erfolgen habe, sondern auch zwischen der Politik und ihrer Umwelt, wie etwa der Wirtschaft und der Medien, die bekanntlich in einem deutlich höheren Tempo arbeiten (siehe Mückenberger 2014). Beschleunige sich die Umwelt der Politik, müsse auch die Politik ihr Tempo erhöhen, stoße dabei aber irgendwann an ihre Grenzen, weil sich demokratische Prozesse, wie Deliberation und Partizipation, eben nicht ins Unendliche beschleunigen ließen (siehe Rosa 2005). Die Folge sei eine Desynchronisation (im Sinne eines Zustands der zeitlichen Inkongruenz), so dass die Politik situativ agiere, also weniger die Gesellschaft gestalte, als auf Einflüsse von außen reagiere (vgl. ebd., S. 391-427). In seiner „Theorie der Resonanz" (2019a) geht Rosa weiter davon aus, dass die Beziehungsverhältnisse zwischen Subjekten und deren Umwelt – also z.B. auch zwischen Bürger*innen und der Politik – in der (Spät-)Moderne von Entfremdung geprägt seien, weil es an Resonanz mangle (vgl. ebd., S. 362-380). Er setzt damit einem entfremdeten Beziehungsgeschehen (im Sinne einer Schließung oder Verletzung) ein resonantes Beziehungsgeschehen (im Sinne eines Hörens und Antwortens) entgegen (vgl. ebd., S. 298-316). Damit lässt sich das „*Versprechen*" (Rosa 2019b, S. 160) der Demokratie nach Rosa auf ein Resonanzgeschehen zurückführen, das so gestaltet ist, dass „*jede*r eine Stimme haben soll, die er oder sie hörbar machen und einbringen kann*" (ebd.), und dass diese Stimme auch „*Wirksamkeit*" (ebd.) entfalten kann. Da der Prozess der Resonanz – wie auch die Demokratie selbst – Zeit braucht und nicht einfach verfügbar gemacht werden kann, plädiert Rosa für mehr Zeiträume, um die dafür notwendige Synchronisation zu ermöglichen (vgl. ebd., S. 182).

Aus der eben beschriebenen Perspektive lassen sich die entfremdeten Verhältnisse in der Demokratie als Konsequenz eines Beziehungsgeschehens zwischen Bürger*innen (Schlagwort: Politikferne) und der Politik sowie zwischen den Bürger*innen selbst interpretieren (Schlagwort: Gesellschaftsspaltung), das „*blockiert*" (ebd., S. 176) oder „*gestört*" (ebd.) ist. So führen Schäfer und Zürn populistische Protestwellen in der Bevölkerung auf den Mangel von Repräsentation und damit auch Offenheit (Gehör finden) und Responsivität (Antwort erhalten) zurück (vgl. Schäfer/Zürn 2021, S. 197f.).

Für die politische Erwachsenenbildung stellen sich diese Herausforderungen als komplex dar, weil sie sich außerhalb ihres direkten Wirkungsbereichs befinden. So verfügt die Politik über die Kompetenz zur Gestaltung der Gesellschaft, während die

politische Erwachsenenbildung zur Aufgabe hat, die Adressat*innen dazu zu befähigen, politisch urteilen und handeln zu können. Dass dies unter den gegebenen Bedingungen jedoch alles andere als eine leichte Aufgabe ist, sollen die folgenden Ausführungen zeigen, welche den Fokus auf die grundständigen Herausforderungen in der politischen Erwachsenenbildung selbst richten.

Die Krise der politischen Erwachsenenbildung

Der Begriff der Krise wird auch in der politischen Erwachsenenbildung selbst diskutiert, beispielsweise aus der Perspektive einer kritischen Erwachsenenbildung bzw. politischen Bildung, wie sie in den letzten Jahren (wieder verstärkt) verhandelt wurde (siehe Kritische Erwachsenenbildung 2019; Frankfurter Erklärung 2015). Zu den Zielen einer solchen kritischen (politischen) Erwachsenenbildung gehören unter anderem – voraussetzungsreiche, weil zeitintensive – Prozesse, wie etwa die Bildung und Emanzipation des Subjekts oder die Förderung eines kritischen Bewusstseins sowie der Urteils- und Handlungsfähigkeit (siehe Schreiber-Barsch et al. 2020; Pongratz 2010). Nach Fritz Reheis hat politische Bildung per se den „*kritischen Anspruch*" (Reheis 2014, S. 9), die gegebenen Bedingungen, welche das Einlösen dieses Anspruchs fördern oder behindern, zu reflektieren.

Eine empirische Erfassung der Bedingungen der politischen Erwachsenenbildung ist zwar ein Desiderat, aus der Analyse des Fachdiskurses ergibt sich aber, dass Krisensymptome, die im Zuge der aktuellen Entwicklungen deutlicher zu Tage traten, seit Längerem Gegenstand von Veröffentlichungen, Positionspapieren und Stellungnahmen aus der politischen Erwachsenenbildung sind, wie im Folgenden gezeigt werden soll.

Vor diesem Hintergrund lassen sich Parallelen zwischen Österreich und Deutschland ziehen, da „*die fehlende öffentliche Anerkennung und die mangelnde finanzielle Förderung*" (Gürses/Luksik 2019, S. 22), aber auch die Standortbestimmung – wobei eine zentrale Frage lautet: Was „*darf*" (ebd.) Politische Bildung? – in beiden Ländern schon eine ganze Weile eine Herausforderung der politischen Erwachsenenbildung darstellen.

Standortbestimmung

Aufgrund der Heterogenität der politischen Erwachsenenbildung, die aus der Vielfalt an Trägern, Bildungseinrichtungen, Bildungsangeboten, Teilnehmenden usw. resultiert, konnte sich sowohl in Deutschland als auch in Österreich bisher kein einheitliches Selbstverständnis ausprägen (siehe Grotlüschen et al. 2018; Hufer 2016; Baumgartner/ Gürses 2015). So dauert die Standortbestimmung der politischen Erwachsenenbildung weiter an, nicht zuletzt aufgrund von fließenden Übergängen zur non-formalen Bildung und zur schulischen politischen Bildung, aber auch zu anderen Professionen, wie etwa der Sozialen Arbeit (siehe Metzger 2011; Miller 2003). Beispielsweise gibt es in Deutschland eine Überlappung der Praxisfelder der (politischen) Erwachsenenbildung und der Sozialen Arbeit mit Erwachsenen (siehe Transfer für Bildung 2021a), in der sich non-formale, aber auch informelle Bildungsprozesse vollziehen, die bisher kaum erfasst sind. Zur Debatte stehen unter anderem die Fremdzuschreibungen (z.B. die sog. Feuerwehrfunktion für die Demokratie) und Selbstverortungen der politischen Bildung (z.B. zwischen sozialer, politischer und demokratischer Bildung, zwischen Lebenswelt, Sozialraum, Politik, zwischen dem Politischen und Sozialen, zwischen Neutralität und Kontroversität) (siehe DVPB 2020). Weiter wird die politische Bildung in Deutschland seit vielen Jahren zwischen Politisierung, Partizipation und politischem Lernen (siehe Bremer et al. 2013) diskutiert, um die Frage nach ihren Aufgaben zu beantworten.

Professionelles Handeln

Diskutiert wird auch das Verständnis von professionellem Handeln in der politischen Erwachsenenbildung. Anschlussfähig sind die Diskurse um Profession und Professionalität in Pädagogik und Erwachsenenbildung (siehe Helsper 2021), aber auch der politischen Bildung selbst (siehe Hufer et al. 2013). So befindet sich die politische Erwachsenenbildung zwar in einem Prozess der Professionalisierung, in dem auch der Begriff der Professionalität untersucht wird (siehe Scheidig 2017), ein einheitliches Profil ist aber noch nicht zu erkennen. Dieser Umstand spiegelt sich auf mehreren Ebenen wider. Zum einen gibt es bislang weder ein einheitliches Berufsbild noch eine einheitliche Aus-, Fort- oder Weiterbildung, die zu dieser Tätigkeit qualifiziert. Zum anderen gibt es keine einheitliche Didaktik der (politischen) Erwachsenenbildung, sondern didaktische Ansätze, Prinzipien und Methoden, die zum Repertoire von Erwachsenenbildung, politischer Bildung und Pädagogik gehören und auf die bei Bedarf zurückgegriffen werden kann (siehe Siebert 2016). Diese Situation ist nicht zuletzt der – insbesondere im Vergleich zur schulischen politischen Bildung – geringen Anzahl an Forschungsinstitutionen zur politischen Erwachsenenbildung geschuldet (siehe Transfer für Bildung 2021b). Vor diesem Hintergrund muss die Forschung zur politischen Erwachsenenbildung auf- und ausgebaut werden, um professionelle und didaktische Konzepte zu entwickeln, um mit den aktuellen Entwicklungen umgehen zu können (vgl. GPJE 2021).

Finanzierung

Eine alte Forderung, die nichts an Aktualität eingebüßt hat, lautet: Demokratie braucht politische Bildung und daher muss politische Bildung auch stetig finanziert werden (siehe DVPB 2014; IGPB 2012; ÖGPB o.J.). Im Zuge der fortschreitenden Ökonomisierung der Gesellschaft und damit auch des Bildungssystems verschärft sich der Wettbewerb jedoch. Diese Situation stellt die Träger und Bildungseinrichtungen vor die schwierige Aufgabe, hochwertige Bildungsangebote trotz knapper Ressourcen zu schaffen. Erstens, weil viele Bildungsangebote nicht permanent, sondern nur temporär finanziert werden. So haben beispielsweise Projekte, Seminare oder Veranstaltungen nur eine begrenzte Laufzeit oder die Mittel dafür werden nicht dauerhaft vergeben, sondern müssen immer wieder neu eingeworben werden. Dies hat zur Folge, dass es keine oder nur eine eingeschränkte Planungssicherheit für die Träger und Bildungseinrichtungen gibt. Zweitens, weil Träger und Bildungseinrichtungen bzw. deren Bildungsangebote in der Regel staatlich (teil-)finanziert werden, wobei den Programmen eine bestimmte Intention eingeschrieben ist (z.B. Förderung von Demokratie und Partizipation, Prävention gegen Extremismus und Radikalisierung). Für politische Erwachsenenbildner*innen geht es dabei darum, wie abhängig oder unabhängig sie von den Vorgaben der Kostenträger agieren können. Dieser Umstand wird vor allem dann problematisch, wenn es um Bildungsangebote geht, die kritisch an die gesellschaftlichen und politischen Verhältnisse herantreten.

Eine Herausforderung besteht in diesem Zusammenhang nicht zuletzt auch darin, dass die Grenzen zwischen kritischer und ökonomisierter Erwachsenenbildung und Weiterbildung verschwimmen, weil Schlagworte wie Humankapital, Lebenslanges Lernen oder Schlüsselkompetenzen Einzug in alle Bildungsbereiche erhielten und damit die Bedeutung des Bildungsbegriffs in Frage stellten (siehe Dörpinghaus/Uphoff 2012).

Teilnehmende

Die Faktenlage zu den Teilnehmenden in der politischen Erwachsenenbildung ist – sowohl in qualitativer als auch in quantitativer Hinsicht – dünn. So zeigen Statistiken, beispielsweise zur Weiterbildungsbeteiligung, Anzahl der Teilnehmer*innen an Veranstaltungen von Einrichtungen der Erwachsenenbildung, zur Anzahl der Kursteilnehmer*innen an den Volkshochschulen usw. (vgl. die aktuellen Statistiken zur Erwachsenenbildung/Weiterbildung von DESTATIS oder STAT; Horn/Lux/Christ 2021; Huntemann et al. 2021), dass die politische Erwachsenenbildung im Vergleich zu anderen Bereichen der Erwachsenenbildung, insbesondere zur beruflichen Weiterbildung, deutlich zurückliegt. Dabei stellt auch die Teilnehmendenstruktur selbst eine Herausforderung dar: Die politische Erwachsenenbildung wird einerseits mit einer tendenziell heterogenen Struktur konfrontiert, weil die Teilnehmenden aufgrund ihres individuellen Sozialisationsprozesses einen unterschiedlichen Wissens- und Erfahrungsschatz, aber auch verschiedene Erwartungen und Vorstellungen mitbringen; andererseits mit einer tendenziell homogenen Struktur, weil – wie beispielsweise die Bildungsbeteiligungsforschung zeigt – die Teilnahmequote (auch) von sozialstrukturellen und sozioökonomischen Eigenschaften abhängt. Vor diesem Hintergrund muss zwischen Adressat*innen, an die sich politische Bildungsangebote richten, und Teilnehmenden, welche davon tatsächlich erreicht werden (z.B. einen Zugang dazu haben und diesen auch nutzen), eine Unterscheidung getroffen werden, wenn es um die Frage geht, welche Reichweite die politische Erwachsenenbildung erzielt bzw. unter den gegebenen Bedingungen erzielen kann.

Fazit

Aus den bisherigen Ausführungen lässt sich schlussfolgern, dass politische Erwachsenenbildung wohl schon immer unter schwierigen – und aufgrund der aktuellen Entwicklungen zusätzlich erschwerten – Bedingungen geleistet werden musste und muss. Dabei ist sie von den gesellschaftlich und politisch bedingten Verhältnissen, die in der Demokratie herrschen, mehrfach betroffen, weil sie diese einerseits zum Gegenstand des politischen Lernens machen soll und sie ihr andererseits zugleich als ermöglichende und begrenzende Faktoren gegenüberstehen. So wird nicht zuletzt ein Widerspruch zwischen Fremdanspruch (sog. Feuerwehrfunktion für die Demokratie), Selbstanspruch (als kritische politisch-bildende Praxis) und Wirklichkeit (schwierige bzw. erschwerte Bedingungen) sichtbar, der in Publikationen, Positionspapieren und Stellungnahmen problematisiert wird.

Daraus folgt, dass der Fokus nicht nur auf die Demokratie, sondern auch auf die gegebenen grundständigen Bedingungen der politischen Erwachsenenbildung zu richten ist, um die Herausforderungen, aber auch Widersprüche in der Praxis in den Blick zu nehmen. Das bedeutet auch, eine realistische(-re) Sicht zwischen den formulierten Ansprüchen und der Praxiswirklichkeit einzunehmen – nicht zuletzt, weil sich viele offene Fragen (z.B. Umgang mit diesen komplexen Herausforderungen der Demokratie, Umgang mit Unsicherheit in der politischen Erwachsenenbildung selbst), aber (bisher) wenig Antworten darauf herausarbeiten lassen. Der Diskurs zu Chancen und Grenzen der politischen Erwachsenenbildung muss sich, abseits bildungspolitisch motivierter Zuschreibungen (z.B. so benannte bildungsferne oder desinteressierte Bürger*innen), den realen Begebenheiten stellen, insbesondere der Tatsache, dass es Bürger*innen gibt, welche in ihre Selbstwirksamkeit und die Responsivität der Politik nicht (mehr) vertrauen. Vor diesem Hintergrund kann die politische Erwachsenenbildung Orte der Bildung im Sinne von Zeiträumen der Verzögerung (siehe Dörpinghaus/Uphoff 2012) schaffen und zum kritischen Urteilen und Handeln sowie zum Auf- und Ausbau von Resonanzbeziehungen (siehe Rosa 2019a u. 2019b) anregen. Dies darf aber nicht darüber hinwegtäuschen, dass die politische Erwachsenenbildung aus gesellschaftlich, politisch, aber auch individuell bedingten Gründen eine begrenzte Reichweite hat und daher die ihr zugeschriebene Funktion nur schwerlich erfüllen kann – und mit Blick auf die kritische Reflexion der Rahmenbedingungen erfüllen will.

Literatur

Bundeszentrale für politische Bildung (Hrsg.) (2021): Zustand der Demokratie. APuZ, 26-27/2021. Online: https://www.bpb.de/shop/zeitschriften/apuz/zustand-der-demokratie-2021/ [Stand: 2022-06-05].

Bundeszentrale für politische Bildung (o.J.): Das Politiklexikon. Krise. Online: https://www.bpb.de/nachschlagen/lexika/politiklexikon/17759/krise [Stand: 2022-06-05].

Baumgartner, Rahel/Gürses, Hakan (Hrsg.) (2015): Im Blickwinkel: Politische Erwachsenenbildung in Österreich. Schwalbach/Ts.: Wochenschau.

Bremer, Helmut/Kleemann-Göhring, Mark/Teiwes-Kügler, Christel/Trumann, Jana (2013): Politische Bildung zwischen Politisierung, Partizipation und politischem Lernen. Weinheim: Beltz.

Christ, Johannes/Horn, Heike/Lux, Thomas (2020): Weiterbildungsstatistik im Verbund: Ergebnisse für das Berichtsjahr 2018. Bielefeld: wbv.

Deutsche Gesellschaft für Zeitpolitik (Hrsg.) (2013): Zeitpolitisches Magazin, Jg. 10, Ausgabe 22: Demokratie braucht Zeit. Online: http://zeitpolitik.org/wp-content/uploads/2022/03/zpm_22_0713.pdf [Stand: 2022-06-05].

Dörpinghaus, Andreas/Uphoff, Ina K. (2012): Die Abschaffung der Zeit. Wie man Bildung erfolgreich verhindert. Darmstadt: WBG.

DVPB – Deutsche Vereinigung für Politische Bildung (2014): Politische Bildung für die Demokratie. Positionspapier. Online: https://dvpb.de/positionen/positionspapier/ [Stand: 2022-06-07].

DVPB – Deutsche Vereinigung für Politische Bildung (2020): Politische Bildung für die Demokratie! Positionspapier der Deutschen Vereinigung für Politische Bildung zum Verhältnis von Politischer Bildung, Demokratiepädagogik und Präventionspädagogik. Online: https://www.dvpb.de/wp-content/uploads/2020/11/DVPB-Politische-Bildung-fuer-die-Demokratie.pdf [Stand: 2022-06-07].

Frankfurter Erklärung (2015): Frankfurter Erklärung für eine kritisch-emanzipatorische politische Bildung. In: Journal für politische Bildung, H. 4, S. 94-98.

GPJE – Gesellschaft für Politikdidaktik und politische Jugend- und Erwachsenenbildung (2021): Politische Bildung in „Corona-Zeiten" und danach – Probleme und Perspektiven. Stellungnahme des Arbeitskreises Außerschulische politische Jugendbildung und politische Erwachsenenbildung (AJEB) der (GPJE). Online: http://gpje.de/wp-content/uploads/2021/05/GPJE_AJEB_Stellungnahme_Corona_.pdf [Stand: 2022-06-07].

Grotlüschen, Anke/Schmidt-Lauff, Sabine/Schreiber-Barsch, Silke/Zeuner, Christine (Hrsg.) (2018): Das Politische in der Erwachsenenbildung, Schwalbach/Ts.: Wochenschau.

Gürses, Hakan/Luksik, Sonja (2019): Politische Erwachsenenbildung in Österreich – Historische Entwicklungen und aktuelle Herausforderungen. In: EPALE (Plattform für Erwachsenenbildung in Europa): Politische Erwachsenenbildung in Österreich und Europa. Ziele, Methoden und Zukunftsperspektiven. Wien, S. 22-25.

Helsper, Werner (2021): Professionalität und Professionalisierung pädagogischen Handelns: Eine Einführung. Opladen & Toronto: Barbara Budrich.

Hentges, Gudrun (Hrsg.) (2020): Krise der Demokratie – Demokratie in der Krise? Gesellschaftsdiagnosen und Herausforderungen für die politische Bildung. Schwalbach/Ts.: Wochenschau.

Horn, Heike/Lux, Thomas/Christ, Johannes (2021): Weiterbildungsstatistik im Verbund: Ergebnisse für das Berichtsjahr 2019. Bielefeld: wbv.

Hufer, Klaus-Peter (2016): Politische Erwachsenenbildung. Plädoyer für eine vernachlässigte Disziplin. Bielefeld: wbv.

Hufer, Klaus-Peter/Länge, Theo W./Menke, Barbara/Overwien, Bernd/Schudoma, Laura (Hrsg.) (2013): Wissen und Können. Wege zum professionellen Handeln in der politischen Bildung. Schwalbach/Ts.: Wochenschau.

Huntemann, Hella/Lux, Thomas/Echarti, Nicolas/Reichart, Elisabeth (2021): Volkshochschul-Statistik. 58. Folge, Berichtsjahr 2019. Bielefeld: wbv.

IGPB – Interessengemeinschaft Politische Bildung (2012): Positionspapier zur außerschulischen politischen Bildung in Österreich. Online: https://igpb.at/wp-content/uploads/igpb_positionspapier_AUSSERschulisch.pdf [Stand: 2022-06-07].

Ketterer, Hanna/Becker, Karina (Hrsg.) (2019): Was stimmt nicht mit der Demokratie? Eine Debatte mit Klaus Dörre, Nancy Fraser, Stephan Lessenich und Hartmut Rosa. Berlin: Suhrkamp.

Kritische Erwachsenenbildung (2019): Manifest für kritische Erwachsenenbildung. Online: http://kritische-eb.at/wordpress/manifest/ [Stand: 2022-06-07].

Marschall, Stefan (2020): Parlamente in der Krise? Der deutsche Parlamentarismus und die Corona-Pandemie. In: APuZ, 38/2020, S. 11-17.

Metzger, Marius (2011): Erwachsenenbildung in der sozialen Arbeit. Wiesbaden: VS.

Miller, Tilly (2003): Sozialarbeitsorientierte Erwachsenenbildung: Theoretische Begründung und Praxis. München: Luchterhand.

Mückenberger, Ulrich (2014): Zeiten der Politik und Zeiten der Medien. In: APuZ, 22-23/2014, S. 3-9.

ÖGPB – Österreichische Gesellschaft für politische Bildung (o.J.): Politische Bildungsarbeit in der Erwachsenenbildung. Grundsatzpapier. Online: https://www.politischebildung.at/upload/oegpb_image_folder_2018.pdf [Stand: 2022-06-07].

Pongratz, Ludwig A. (2010): Kritische Erwachsenenbildung. Analysen und Anstöße. Wiesbaden: VS.

Reheis, Fritz (2014): Politische Bildung. Eine kritische Einführung. Wiesbaden: VS.

Rosa, Hartmut (2005): Beschleunigung. Die Veränderung der Zeitstrukturen in der Moderne. Berlin: Suhrkamp.

Rosa, Hartmut (2019a): Resonanz. Eine Soziologie der Weltbeziehung. 2. Auflage. Berlin: Suhrkamp.

Rosa, Hartmut (2019b): Demokratie und Gemeinwohl: Versuch einer resonanztheoretischen Neubestimmung. In: Ketterer, Hanna/Becker, Karina (Hrsg.) (2019): Was stimmt nicht mit der Demokratie? Eine Debatte mit Klaus Dörre, Nancy Fraser, Stephan Lessenich und Hartmut Rosa. Berlin: Suhrkamp, S. 160-188.

Schäfer, Armin/Zürn, Michael (2021): Die demokratische Regression. Die politischen Ursachen des autoritären Populismus. Berlin: Suhrkamp.

Scheidig, Falk (2017): Professionalität politischer Erwachsenenbildung zwischen Theorie und Praxis. Eine empirische Studie zu wissenschaftsbasierter Lehrtätigkeit. Bad Heilbrunn: Julius Klinkhardt.

Schreiber-Barsch, Silke/Benz-Gydat, Melanie/Schmidt-Lauff, Sabine/Pabst, Antje/Petersen, Katja/Schmidt, Katja (Hrsg.) (2020): Erwachsenenbildung als kritische Utopie? Diskussionen um Mündigkeit, Gerechtigkeit und Verantwortung. Schwalbach/Ts.: Wochenschau.

Schwerdtfeger, Angela (2020): Im Eiltempo zum Gesetz – die Pandemie als Taktgeber. Online: https://www.campuspost.goettingen-campus.de/2020/12/21/im-eiltempo-zum-gesetz-die-pandemie-als-taktgeber/ [Stand: 2022-06-07].

Siebert, Horst (2016): Didaktik der Erwachsenenbildung. In: Lange, Dirk/Hufer, Klaus-Peter (Hrsg.): Handbuch Politische Erwachsenenbildung. Schwalbach/Ts.: Wochenschau, S. 354-358.

Transfer für Bildung (2021a): Topographie der Praxis. Online: https://transfer-politische-bildung.de/transfermaterial/topografie-der-praxis/ [Stand: 2022-06-07].

Transfer für Bildung (2021b): Forschungslandkarte der politischen Bildung. Online: https://transfer-politische-bildung.de/transfermaterial/forschungslandkarte [Stand: 2022-06-07].

Prof. Dr. Michael Görtler

michael.goertler@oth-regensburg.de

Michael Görtler ist Professor für Theorien und Geschichte der Sozialen Arbeit an der Fakultät Angewandte Sozial- und Gesundheitswissenschaften der OTH Regensburg.

Charlotte Palatzky, B.A.

palatzky@uni-hildesheim.de

Charlotte Palatzky ist freiberufliche Mitarbeiterin in der kulturellen und politischen Bildung.

Adult Political Education During the Crisis

A reflection

Abstract

Time and time again during the COVID-19 pandemic, there has been talk of the „crisis of democracy" in society, politics and science. What is meant is a crisis in representation, which is regarded as a basic democratic principle. Real politics is conducted behind closed doors—and as quickly as possible—with the majority of citizens playing a passive role. Adult political education is responsible for discussing this crisis. However, it too has been in a crisis for a long time. In its heterogeneity, it is missing a fixed standpoint: The transitions to other areas of adult education, non-formal education and political education in schools as well as to other professions are fluid. In addition, there is no unified profile of professionalism in adult political education, no unified job description, no unified education, training or continuing education and also no unified didactics. Finally, there is a lack of steady funding for political education and the number of participants clearly lags behind than in other areas of continuing education. Thus there are plenty of points of departure for crisis management.

Über Verwundbarkeit und Handlungsfähigkeit in Krisenzeiten

Ein Plädoyer für mehr Zeit, mehr Dialog, mehr Kooperation

Erik Weckel

Weckel, Erik (2022): Über Verwundbarkeit und Handlungsfähigkeit in Krisenzeiten. Ein Plädoyer für mehr Zeit, mehr Dialog, mehr Kooperation. In: Magazin erwachsenenbildung.at. Das Fachmedium für Forschung, Praxis und Diskurs. Ausgabe 46, 2022.
Online: https://erwachsenenbildung.at/magazin/ausgabe-46.

Schlagworte: Politische Bildung, Corona-Pandemie, Zeit, Konkurrenz, Krise, Vulnerabilität, Armut, Technisierung, Demokratie, Dialog, John Franklin, Judith Butler, Milton Friedman, Verknappung, Marktkonformität

Abstract

Die Verknappung von Zeit und Raum ist ein zentrales kapitalistisches Prinzip, denn nur knappe Güter sind marktfähig. Dies zeigte sich besonders in der Corona-Pandemie, analysiert der Autor in seinem Essay: Es schien, als gäbe es keine Zeit (mehr). Maßnahmen mussten raschest umgesetzt werden. Doch durch schnelles Handeln entstehen zumeist oft nur neue Probleme, die bei ruhigem Nachdenken eventuell hätten verhindert werden können. In der politischen Bildung kann all das reflektiert und Raum geschaffen werden. Es gilt, Eingrenzungen und Beschränkungen der Denkräume zu überwinden, zu erweitern und neue Lösungen zu finden. Didaktische Anknüpfungspunkte bestehen in zweierlei Hinsicht: Technologische Kompetenz im Sinne der Entwicklung von Unterscheidungsmöglichkeiten, wie sie Oskar Negt versteht, kann in der politischen Bildung ebenso gefördert werden, wie Dialog und Kooperation, die es braucht, um im Sinne Klaus Holzkamps zu Handlungsfähigkeit zu gelangen und die individuellen und gesellschaftlichen Handlungsmöglichkeiten zu erweitern. (Red.)

11

Über Verwundbarkeit und Handlungsfähigkeit in Krisenzeiten

Ein Plädoyer für mehr Zeit, mehr Dialog, mehr Kooperation

Erik Weckel

„Stellen Sie sich bitte neun quadratisch angeordnete Punkte vor. Verbinden Sie bitte diese neun Punkte in einem Zug mit vier Geraden, ohne den Stift abzusetzen." – Diese Denkübung kennen wir seit über einhundert Jahren und sie ist immer noch gewinnbringend in der politischen Bildung einsetzbar.

Verknappung von Denkmöglichkeiten

Gegen die Natur werden Grenzen gezogen. Es wird eingehegt, Allgemeingut privatisiert, Verfügbarkeit privilegiert...

Wer sich erstmals an obiger Übung versucht, benötigt meistens relativ viel Zeit für ihre Lösung. Dies liegt daran, dass wir bei der quadratischen Anordnung der Punkte zumeist gedanklich an den Punkten entlang Außenlinien ziehen, also ein Quadrat entlang der äußeren Punkte konstruieren. Diese gedankliche Eingrenzung des Raumes verhindert aber oder verzögert zumindest das Finden einer Lösung.

Die Aufgabenstellung selbst sieht diese Eingrenzung oder Beschränkung des Raumes nicht vor, sie wird von uns selbst angenommen und gewählt – über sie hinaus zu denken, scheint zunächst schwierig. Denn die Eingrenzung und die Beschränkung des Denkbaren führen zu einer Verknappung, zu einer Verknappung an Lösungsmöglichkeiten, an Denkmöglichkeiten. Erst wenn ich die Linie über diese gedachte Begrenzung des Raumes hinaus ziehe, überschreite ich, durchbreche ich, finde ich die Lösung...

Verknappung ist ein zentrales kapitalistisches Prinzip. Nur knappe Güter sind marktfähig. Frei Verfügbares ist nicht kapitalisierbar. Folglich werden Güter verknappt, künstlich verknappt. Dann lässt sich ein „Markt" aufbauen, konstruieren und ein Preis setzen und realisieren.

Wahrnehmen und Denken brauchen Zeit

Zeit wird genommen, verknappt, Zeitdruck aufgebaut: Es gäbe keine Zeit, es sei schnell zu handeln...

Lösungen außerhalb vorgegebener, scheinbar alternativloser, verknappter Zeiten und Räume zu finden, ist eine zentrale Übung politischer Bildung. Die Zeit, die zur Verfügung steht, zur Verfügung gestellt wird, die erlebt wird, genommen wird…, ist dabei bedeutsam.

Politik ist oft eine Frage der Geschwindigkeit. Knauserige Zeitökonomie prägt den Begriff des Politischen (vgl. Negt/Kluge 2016, S. 295). Der Zeitbegriff wirft sich zum Schlüsselbegriff auf (vgl. ebd., S. 296), wird zur Schlüsselkategorie (Rosa 2012, S. 19).

Im schnellen Handeln entstehen oft neue Probleme, die bei ruhigem Nachdenken eventuell hätten verhindert werden können. So wie John Franklin, der, wie Stan Nadolny in seinem Buch (1983) erzählt, trotz des Druckes von Teilen seiner Matrosen sich die Zeit nahm, seine Beobachtungen zu machen und auszuwerten, bevor er aufbrach. Sein Motto auch in Todespanik: „Langsam und fehlerlos ist besser als schnell und zum letzten Mal" (zitiert in Nadolny 1983, S. 118). Während andere auf einer Wanderung in die Irre gingen, fand Franklin aufgrund einer Fülle wahrgenommener kleinster Merkmale den richtigen Weg.

Langsamkeit ist eine philosophische Grundhaltung. Wahrnehmen und Denken brauchen Zeit, Raum und Freiheit. Es ist die Rückeroberung der Zeitsouveränität (Oskar Negt) gegen die „Herrschaft der Schnellen", wie Paul Virilio postuliert (vgl. Rosa 2012, S. 36).

Souveränität gleicht einer Fähigkeit, über die eigene Zeit verfügen zu können. Arbeitszeitverkürzung, Verkürzung der Lebensarbeitszeit, mehr Urlaub, Sabbaticals sind Ausdruck von Zeitsouveränität, für die Gewerkschaften wieder kämpfen. Es geht um Zeitwohlstand im Sinne einer utempischen[1], einer entschleunigten Gesellschaft (vgl. Rosa 2012, S. 10).

Das „Andere" wieder denken

Mit angeblich alternativlosen Lösungen werden Menschen unter Druck gesetzt, mit verknappten

Räumen oder Zeiten, ob real oder gedacht, wie dem Impfen in Pandemiezeiten, dem Kapitalismus nach 1990 (siehe Fukuyama 1992), der Ökologiefrage in Zeiten des Klimawandels, epochaler Umbrüche wie der Digitalisierung und damit einhergehenden Lebens- und (Re-)Produktionsvorstellungen (siehe Frankfurter Erklärung 2015[2]) oder europäischen Staatsgrenzen, die zwar nach außen übertretbar sind, von außen jedoch zunehmend gegen angeblich unerwünschte Menschen hermetisch abgeriegelt werden. Einzig: Kapital darf frei fließen.

All diese gesellschaftlichen Megathemen waren und sind Ausdruck des An-die-Grenzen-Kommens, an die Grenzen der bisherigen Handlungsweisen. Sie führten und führen wieder und wieder in die Krise. Krisen, die das Aktuelle in Frage stellen und Neues fordern.

Das Bestehende jedoch verteidigt seine Existenz und wehrt das potentiell Neue ab. Die Krise ist der Ausdruck der Kritik am Bestehenden, die Kritik fordert die Veränderung, den Wandel, Reformen, moderner ausgedrückt: Transformationen; Disruptionen oder Revolutionen.

Krisen befördern ein Schwarz-Weiß-Denken, das Ja oder Nein, das Denken in Polaritäten. Dieses antagonistische Denken ist einerseits notwendig, andererseits das Moment der Gegensätzlichkeit (vgl. Adorno 2017[1958], S. 10).

Nur durch das Denken des Gegensatzes, des Anderen schaffen wir neue Lösungen, können aus dem „Immer Selben" oder „Mehr vom Selben" heraustreten. Das Selbe verbleibt in der Krise. Wenn das „Andere denken" möglich ist, sind auch wieder Nuancen, Differenzierungen und Komplexität möglich.

Technologische Bezwingbarkeit des Unabwendbaren vs. Dialog und Zeit

Wie es in der Krise Verlierende gibt, gibt es auch Gewinnende. Die Gewinnenden versuchen ihre

---

1 Utempisch ist ein von Hartmut Rosa geprägter Begriff in seinem Werk „Beschleunigung" (2012, S. 9-18). Die „utempische Gesellschaft" ist eine Gesellschaft, in der die Menschen aufgrund der Entwicklung zeitsparender Technologien tatsächlich (Arbeits-)Zeit einsparen und das Leben zunehmend genießen können.

2 Nachzulesen unter: https://akg-online.org/sites/default/files/frankfurter_erklaerung.pdf

Privilegien zu erhalten und wehren deshalb Veränderungspotentiale ab, solange dies durchsetzbar ist. Dies zeigte sich beispielsweise an der Ökologiekrise, die seit den 1970er Jahren offensichtlich ist (siehe Meadows/Meadows 1972[3]), bis heute aber erfolgreich von den Herrschenden verdrängt wurde. Gleichzeitig werden Vorbereitungen getroffen, das Unabwendbare gestaltbar zu machen, sozusagen System-unschädlich zu bewältigen: Kapitalismus und „Markt"-konform, technologisch bezwingbar. „Kurswechsel" (siehe Schmidheiny 1992) oder „Faktor vier" (siehe Weizsäcker/Lovins/Lovins 1995) waren solche Konzepte[4], der „European Green Deal" (siehe Europäische Kommission 2019) und „The Blue Economy" führten die Strategie des „Technik first" mit Orientierung an dem „Markt" und seinen Akteurinnen und Akteuren, sprich den Unternehmen, fort (vgl. Pufé 2017, S. 198f.).[5]

„Technik first" ist immer auch gleichzeitig ein Ausschluss, ein Ausschluss anderer Handlungsalternativen, auch ein Ausschluss anderer technischer Optionen, wie wir in Deutschland am Fokus und an der integrierten Förderorientierung an der Atomtechnologie lange sahen, wodurch die möglichen Entwicklungen anderer Technologien zurückblieben, wie die der Sonnen- und Windenergien oder des Wasserstoffs. Wer die technischen Lösungen nicht anerkennt, wird marginalisiert, bekämpft und ausgegrenzt.

Das zeigte und zeigt sich auch in der Corona-Krise: Alles, was alternativ zur Impfperspektive aus privaten Laboren dachte, wurde mehr und mehr unter Druck gesetzt. Die Impfgegner*innen fanden sich in Deutschland nach einer Online-Erhebung von KOMM.PASSION (2020) übrigens am stärksten in der oberen Mittelschicht des Sigma-Milieus unserer Gesellschaft (Liberal-intellektuelles Milieu, 31% der Impfgegner*innen; Konservative und

Arbeiter*innen ließen sich überproportional impfen; siehe KOMM.PASSION 2020; Hamberger 2020).

Die technische Mach- und Lösbarkeit sozialer Probleme oder Konflikte gilt als non plus ultra oder der Ratio letzter Schluss.

Technologische Kompetenz mit der Entwicklung von Unterscheidungsvermögen zählt nach Oskar Negt zu den gesellschaftlichen Kompetenzen. Da technische Entwicklungen auch gesellschaftliche Wirkungen produzieren, Verunsicherung und Ängste befeuern, ist es bedeutsam, diese *komplexen Wirkungen bis in die Mikrostrukturen der Gesellschaft"* (Negt 2010, S. 225) zu antizipieren und dialogisch aufzunehmen.

Wir sahen in Deutschland im Verlauf der Corona-Krise, wie die Pro- und Contra-Diskussionen rund um die Einführung einer Impfpflicht die Gesellschaft spalteten und ganze Familien zerrissen.

Auch diese Problematik war und ist eine Frage der Zeit. Sich Zeit zu nehmen, Lösungsstrategien zu besprechen, Bedenken aufzunehmen und sie als Indikatoren für Ungelöstes zu verstehen und andere oder weitere, neue Lösungen zu finden, die den Verunsicherungen gerecht werden.

Es gilt auch die „Logik der Beschleunigung" zu entschlüsseln, die stets mit der Verheißung von mehr Wohlstand, Gesundheit oder Zeitgewinn vermittelt wurde (vgl. Rosa 2012, S. 11 u. S. 13).

Soziale Ungleichheiten versus Privilegien

Nachhaltiges Leben ist auch eine soziale Frage. Die soziale Frage ist die Frage der Demokratie. Hier scheitert der „Markt", wie wir in Krisen auch immer

---

3   Die „Grenzen des Wachstums", der Bericht des Club of Rome zur Lage der Menschheit, war ein Fanal an die kapitalistische Produktionsweise. Würde die Wachstumsschraube in dieser Form weitergedreht werden, wurde das Ende der Ressourcen in einhundert Jahren angekündigt. Hiermit entstanden bis heute andauernde Postwachstums-Diskussionen. Der Bericht jährt sich zum 50sten Mal und wird aktuell in Erinnerung gerufen, wie auch die jeweiligen Dekaden zuvor.

4   „Kurswechsel" und „Faktor vier" eröffneten Perspektiven für die Wirtschaft, mit der Wachstums- und Ökologiekrise in marktwirtschaftlicher Weise unternehmerisch umzugehen. „Effizienz muss sich lohnen" (Faktor vier), sie ist „käuflich und verkäuflich", „sie verspricht Profite".

5   Eine „green economy", die ursprünglich die Vereinten Nationen als neue Leitidee präsentierten, wird vorrangig marktwirtschaftlich konnotiert. Mit Großtechnologien sollen ökologische Probleme technisch eingehegt werden. Das finanzielle Potential wird in public private partnership (PPP) oder komplett mit Steuermitteln finanziert, gehoben und privatwirtschaftlich profitabel realisiert. Die „blue economy" wird als Weiterentwicklung der green economy begriffen, mit dem Ziel, von der Natur inspirierte Technologien einzusetzen, um so Ressourcen und Abfälle innovativ zu nutzen. So sollen Unternehmen zusätzliche Umsätze generieren (vgl. Pufé 2017, S. 199).

wieder sehen. Der „Markt", der im Zeichen angeblicher Effizienz alles vergesellschaftet, was nicht marktkonform sei, ist einer der blinden Flecken, die nicht in Frage gestellt werden. Niemand behauptet heute mehr, wie einst Milton Friedman, dass der „Markt" die Demokratie fördere (vgl. Butler 2018, S. 207).

Die Demokratiegefährdung geht zunehmend von der gesellschaftlichen Mitte aus, von den Etablierten, zusätzlich und unabhängig vom Rechtsextremismus. Es ist ein Kampf um Privilegien (vgl. Zick 2021, S. 17 u. S. 23). Ein zunehmender Teil der „Mitte der Gesellschaft" distanziert sich von der Demokratie (vgl. Küpper et al. 2021, S. 70).

Wer die soziale Frage inkludieren würde, hätte beispielsweise in der Corona-Krise als erstes den Schutz Ärmerer, in beengten Verhältnissen lebender, vulnerabler oder ungeschützt lebender Menschen in den Blick nehmen müssen.

Stattdessen wurden, in der Annahme, das Virus befalle alle gleichermaßen (Ischgl-Effekt?), die soziale Perspektive der Lebensbedingungen und längst bekannte wissenschaftliche Erkenntnisse der Epidemiologie ausgeblendet. Arme und Kranke sind verwundbarer und zeigen höhere Sterblichkeiten. Diese verstärken sich in Krisenlagen wie einer Pandemie (siehe Geyer 2016). In Deutschland wurde das im Verlauf der Corona-Pandemie in vielen sozialen Verdichtungsräumen wie Köln-Chorweiler deutlich (siehe Wernicke 2021).

„Reichtum schädigt die Gesundheit aller" titelte die taz in einer ihrer Ausgaben (siehe Koch 2022) mit Bezug auf den jüngsten Armutsbericht von Oxfam Deutschland. Einerseits fehlen Impfstoffe, weil viele Länder sie nicht finanzieren können, andererseits stieg der Reichtum wie seit 14 Jahren nicht mehr. Während der Corona-Krise hat der Reichtum der Reichsten sich verdreifacht. Und einer der Aufsteiger in den Club der Milliardäre ist Ugur Sahin, Miteigner und Chef des Corona Impfstoffherstellers Biontech, mit einem geschätzten Vermögen von 6,4 Mrd. US-Dollar, Sahin steigt derzeit die Weltrangliste empor (siehe Magenheim 2022)[6].

Oxfam befeuert die seit Mitte 2020 laufende Diskussion darüber, Impfstoffe als öffentliches Gut zu behandeln (siehe Koch 2022; Oxfam Deutschland 2022).

Soziale Ungleichheiten verstärken sich weiter, das Armuts- und Gesundheitsrisiko steigt, die Belastungen sind ungleich verteilt (vgl. Zick 2021, S. 20). Auch wissenschaftliche Erkenntnisse scheinen nur selektiv bedeutsam.

Zusammenhänge, Handlungsfähigkeit und Dialog

Die Fähigkeit, meine Handlungsmöglichkeiten zu erweitern, über meine begrenzten Räume und Zeit hinaus, mit anderen gemeinsam, vereint…

Lernen in Zusammenhängen und Orientierungswissen sind zentrale Kompetenzen, wie Oskar Negt (2010, S. 29f.) vermittelt. Zusammenhänge sind wichtig für die Handlungsfähigkeit (Klaus Holzkamp) der Menschen.

Die aktuelle Corona-Krise zeigt die Verwundbarkeit der Menschen und der Gesellschaft. Verwundbarkeit schränkt die Handlungsfähigkeit potentiell ein. Deshalb ist es wichtig, wie Judith Butler aufzeigt, Verwundbarkeit und Handlungsfähigkeit zusammen zu denken (vgl. Butler 2018, S. 183).

Das gemeinsame Handeln wie Holzkamp es in seinem Konzept der Handlungsfähigkeit skizziert, basiert auch auf Dialog (Paulo Freire). Der Dialog ermöglicht den Ausdruck der Interessen und die Wahrnehmung gleicher Interessen, letztlich die Interessen des Überlebens hin zum schönen Leben. Die dafür erforderliche Zusammenarbeit (Kooperation) fördert den Zusammenhalt und stärkt (empowered) Dominierte, bemächtigt sie.

Kooperation fördert die Entwicklung der Gesellschaft. Gerade in Krisenmomenten wird deutlich, dass die Menschen in Kooperation am produktivsten sind. *„In der Tat sind die beeindruckendsten kognitiven Leistungen der Menschen – von komplexen*

---

6   Nachzulesen unter: https://www.forbes.com/profile/ugur-sahin/?sh=589d687834df; https://www.bloomberg.com/billionaires/profiles/ugur-sahin

Technologien über linguistische und mathematische Symbole bis hin zu komplizierten sozialen Institutionen – nicht Produkte allein handelnder, sondern gemeinsam agierender Individuen" (Tomasello 2010, S. 13).

Die Hochwasserkatastrophe in der Eiffel im Sommer 2021 zeigte es erneut. Der/die Einzelne ist ihr hoffnungslos ausgeliefert. Gemeinsam ist die Katastrophe bewältigbar. Philippe Thureau-Dangin schrieb schon 1998: Kooperation, nicht Konkurrenz ist ausschlaggebend für das Überleben der Menschheit (vgl. Thureau-Dangin 1998, 16).

Wer auf den Wandel der Gesellschaft blickt, die Krisen und geforderten Transformationsprozesse aufnimmt, ist gefordert, diese Maximen zu bedenken: Ermöglichung von Raum und Zeit, von Zeitsouveränität, von Alternativen, Denken in Widersprüchen, die die Wehen des Neuen sind, Handlungsfähigkeit, Dialog, die Vielfalt der Menschen bedenkend und den Reichtum der Potentiale.

Politische Bildung bietet hierfür Methoden und Ressourcen

Neben der Reflexion der Zusammenhänge bieten handlungsorientierte Methoden Zugänge zum Transfer der Erkenntnisse in den Alltag der Menschen. In der politischen Bildung existieren viele Methoden, viele auch schon Klassiker, die diese Maximen in Wirkung bringen können. Neben der eingangs beschriebenen Aufgabenstellung bietet sich beispielsweise auch das „Bleistiftspiel" an, in der drei Gruppen mit abgebrochenen Bleistiften, Anspitzer und Papier die meisten Ressourcen erbeuten wollen. In „Wie im richtigen Leben" wird deutlich, dass die Lebenschancen in der Gesellschaft sehr ungleich verteilt sind.[7] Die Übungen verweisen auf soziale Ungleichheiten und orientieren auf gemeinsame Perspektiven der Erweiterung von bestehenden Handlungsräumen. Dabei ist immer auch zu bedenken, dass die Versuche der Erweiterung der eigenen oder gemeinsamen Möglichkeitsräume auch immer auf Widerstand bzw. Verweigerung stoßen und damit auch mit Verschlechterungen einhergehen können. Das Risiko des Scheiterns inklusive. Und dennoch zeigen sich in der Regel positive Wirkungen auf die agierenden Akteurinnen und Akteure, die neue Erfahrungen aufnehmen und mit gestärktem Selbstbewusstsein (empowered) fortschreiten. Verstanden werden gesellschaftliche Verhältnisse als umkämpfte Möglichkeitsräume (vgl. Eichinger/ Schäuble 2022, S. 209).

Politische Bildung ist eine Querschnittsaufgabe, auch in Zukunft. Die Gesundheitsbildung dokumentiert dies derzeit deutlichst (siehe Weckel 2019), die Friedenspädagogik ist wieder stärkstens gefordert.

Gehen wir Perlentauchen, im Sinne Hannah Arendts. Cui bono!

---

7 Die Übungen sind vielfach frei im Netz verfügbar. Über Tranfer21 das „Bleistiftspiel", der Baustein zur nicht-rassistischen Bildungsarbeit „Wie im richtigen Leben" des DGB-Bildungswerkes Thüringen findet sich unter: http://baustein.dgb-bwt.de. Eine Variation dessen mit Blick auf die Vielfalt der Geschlechter ist das „Identitätenlotto – Ein Spiel quer durchs Leben" unter https://identitaetenlotto.de. Der „Privilegiencheck zum Menschenrecht auf Wasser", von FIAN herausgegeben, ist auf ihrer Seite kostenfrei herunterladbar. Das „Methodentraining digital" der Agentur für Erwachsenen- und Weiterbildung (AEWB), in dem kurze Videobeiträge mit Übungen die Themen Rassismus und Diskriminierung aufnehmen, findet sich unter: https://www.aewb-nds.de/fortbildung/methodentraining-digital.

Literatur

Adorno, Theodor W. (2017[1958]): Einführung in die Dialektik. Frankfurt am Main: Suhrkamp.

Butler, Judith (2018): Anmerkungen zu einer performativen Theorie der Versammlung. Frankfurt am Main: Suhrkamp.

Eichinger, Ulrike/Schäuble, Barbara (2022): Konfliktkonstellationen als gesellschaftliche Verhältnisse begreifen – Welche Theorien und Methoden tragen dazu bei? In: Konfliktanalysen: Element einer kritischen Sozialen Arbeit. Ein Studienbuch. Wiesbaden: Springer, S. 209-233.

Europäische Kommission (2019): Europäischer Grüner Deal. Erster klimaneutraler Kontinent werden. Online: https://ec.europa.eu/info/strategy/priorities-2019-2024/european-green-deal_de [Stand: 2022-06-03].

Fukuyama, Francis (1992): Das Ende der Geschichte. München: Kindler.

Geyer, Siegfried (2016): Soziale Ungleichheit und Gesundheit/Krankheit. Bundeszentrale für gesundheitliche Aufklärung (BzgA). doi:10.17623/BZGA:Q4-i109-2.0

Hamberger, Beatrice (2020): Milieu-Studie: Das sind Deutschlands Impfgegner. Online: https://www.gesundheitsstadt-berlin.de/milieu-studie-das-sind-deutschlands-impfgegner-14777 [Stand: 2022-06-03].

Koch, Hannes (2022): Reichtum schädigt die Gesundheit aller. In: taz, vom 17.01.2022, S. 2.

KOMM.PASSION (2020): Immun gegen Impfen? Eine Milieustudie. Dossier Impfgegner-Verweigerer, Düsseldorf. Online: https://www.komm-passion.de/news-dossiers/detail/immun-gegen-impfen-eine-milieustudie [Stand: 2022-05-23].

Küpper, Beate/Berghan, Wilhelm/Zick, Andreas/Rump, Maike (2021): Volkes Stimme – antidemokratische und populistische Einstellungen. In: Zick, Andreas/Küpper, Beate (Hrsg.): Die geforderte Mitte. Rechtsextreme und demokratiegefährdende Einstellungen in Deutschland 2020/21. Bonn: Verlag J.H.W. Dietz Nachf., S. 43-74.

Magenheim, Thomas (2022): 160 Millionen Menschen rutschen in Armut. In: Allerzeitung, vom 17.01.2022.

Meadows, Dennis/Meadows, Donella H. (1972): Die Grenzen des Wachstums. Club of Rome. Bericht des Club of Rome zur Lage der Menschheit. Reinbek: DVA.

Nadolny, Stan (1983): Die Entdeckung der Langsamkeit. München: Piper.

Negt, Oskar (2010): Der politische Mensch. Demokratie als Lebensform. Göttingen: Steidl.

Negt, Oskar/Kluge, Alexander (2016): Maßverhältnisse des Politischen. Vorschläge zum Unterscheidungsvermögen. Göttingen: Steidl.

Oxfam Deutschland (2022): Gewaltige Ungleichheit. Warum unser Wirtschaftssystem von struktureller Ungleichheit geprägt ist und wie wir es gerechter gestalten können. Online: https://www.oxfam.de/system/files/documents/oxfam_factsheet_gewaltige_ungleichheit.pdf [Stand: 2022-06-03].

Pufé, Iris (2017): Nachhaltigkeit. 3., überarbeitete und erweiterte Auflage. München: UTB.

Rosa, Hartmut (2012): Beschleunigung. Die Veränderung der Zeitstrukturen in der Moderne. 9. Auflage. Frankfurt am Main: Suhrkamp.

Schmidheiny, Stephan (1992): Kurswechsel. Globale unternehmerische Perspektiven für Entwicklung und Umwelt. München: Artemis und Winkler.

Thureau-Dangin, Philippe (1998): Die Ellenbogengesellschaft. Von zerstörerischen Wesen der Konkurrenz. Frankfurt am Main: S. Fischer.

Tomasello, Michael (2010): Warum wir kooperieren. Berlin: Suhrkamp.

Weckel, Erik (2019): Demokratie- und Menschenrechtsbildung. Querschnittsthema und Arbeitsprinzip in der Erwachsenenbildung. In: Hessische Blätter für Volksbildung, 3/2019, S. 250-256.

Weizsäcker, Ernst Ulrich von/Lovins, Amory B./Lovins, L. Hunter (1995): Faktor vier. Doppelter Wohlstand – halbierter Naturverbrauch. Der neue Bericht an den Club of Rome. München: Droemer Knaur.

Wernicke, Christian (2021): Hotspots am rechten Rheinufer. In: Süddeutsche Zeitung, vom 22.03.2021.

Zick, Andreas (2021): Die gefährdete wie geforderte Mitte in Zeiten einer Pandemie. In: Zick, Andreas/Küpper, Beate (Hrsg.): Die geforderte Mitte. Rechtsextreme und demokratiegefährdende Einstellungen in Deutschland 2020/21. Bonn: Verlag J. H. W. Dietz Nachf., S. 17-31. Online: https://www.fes.de/index.php?eID=dumpFile&t=f&f=65478&token=d51fbf0ad16a903133c9dcb54e4e5d58382d096f [Stand: 2022-06-03].

Erik Weckel

Foto: K. K.

weckel@aewb-nds.de
https://www.aewb-nds.de

Erik Weckel ist seit den 1990er Jahren in der Erwachsenenbildung tätig (Hochschule, Jugendhilfe, Erwachsenenbildung Niedersachsen, Coach). Aktuelle Arbeitsschwerpunkte sind die politische Bildung, im Besonderen als Querschnittsthema, Menschenrechts- und Demokratiebildung und Diversity.

On Vulnerability and the Ability to Act in Times of Crisis

A plea for more time, more dialogue, more cooperation

Abstract

Scarcity of time and space is a key capitalist principle, for only scarce goods are marketable. According to the author's analysis in his essay, this was especially apparent during the coronavirus pandemic: It seemed as if there was no time (anymore). Measures had to be implemented as quickly as possible. Yet most of the time, new problems arise from quick action, ones that calm reflection might have been able to prevent. Political education creates a space for reflection on all this. It is necessary to overcome limitations and restrictions of mental space, expand them and find new solutions. There are two angles didactics may take: Technological literacy in the sense of developing one's capacity to differentiate as Oskar Negt understands it can be promoted in political education as can dialogue and cooperation, which are needed in order to acquire the ability to act and to enhance an individual's ability to act in the sense of Klaus Holzkamp. (Ed.)

Öffentliche Konsultationen: Ihre Meinung zählt!?

Partizipative Demokratie-Instrumente in der politischen Erwachsenenbildung

Britta Breser

Breser, Britta (2022): Öffentliche Konsultationen: Ihre Meinung zählt!? Partizipative Demokratie-Instrumente in der politischen Erwachsenenbildung. In: Magazin erwachsenenbildung.at. Das Fachmedium für Forschung, Praxis und Diskurs. Ausgabe 46, 2022.
Online: https://erwachsenenbildung.at/magazin/ausgabe-46.

Schlagworte: politische Erwachsenenbildung, Demokratie-Entwicklung, partizipative Demokratie, öffentliche Konsultationen, Legislativprozess

Abstract

Durch die Maßnahmen gegen die COVID-19-Pandemie, insbesondere das umstrittene Gesetz zur Impfpflicht, geriet in Österreich die Möglichkeit zur politischen Beteiligung in den Fokus der Öffentlichkeit: öffentliche Konsultationen. Diese gibt es sowohl national wie auch auf europäischer Ebene. Seit 2021 kann jede Einzelperson in Österreich Stellung nehmen zu allen Vorlagen der Bundesregierung, zu selbstständigen Anträgen von Abgeordneten oder Ausschüssen auf Erlassung von Gesetzen, zu Gesetzesanträgen des Bundesrats, zu Volksbegehren sowie zu Bürgerinitiativen und Petitionen. Alle Anträge und Vorlagen wie auch alle Stellungnahmen dazu müssen auf der Webseite des Österreichischen Parlaments veröffentlicht werden. So wurden insgesamt 108.325 Stellungnahmen zum Impfpflicht-Gesetzesentwurf abgegeben, großteils von Individualpersonen. Auf europäischer Ebene gibt es etwas Ähnliches schon seit 2003. Der politischen Erwachsenenbildung kommen im Zusammenhang mit öffentlichen Konsultationen eine Reihe von Aufgaben zu: Sie soll zur Entwicklung kritischer politischer Urteilskompetenz beitragen, auf gesellschaftliche Entwicklungen im demokratischen Kontext hinweisen, Trends aufgreifen und kritisch reflektieren, die Potenziale und Grenzen solcher Beteiligungsinstrumente aufzeigen, auf eine ungleiche Verteilung demokratischer Handlungsspielräume aufmerksam machen und nicht zuletzt öffentliche Konsultationen auch explizit als Mittel zur Mitbestimmung für Nicht-Staatsbürger*innen aufbereiten. (Red.)

Öffentliche Konsultationen: Ihre Meinung zählt!?

Partizipative Demokratie-Instrumente in der politischen Erwachsenenbildung

Britta Breser

Aufgrund umstrittener Gesetzesvorhaben im Laufe der COVID-19-Pandemie gerieten – mitunter auch aus demokratischen Überlegungen heraus – Legislativprozesse des Österreichischen Parlaments stärker in den Fokus der Öffentlichkeit.

Im Rahmen dieser neuen Aufmerksamkeit für die Art und Weise der Gesetzgebung sowie für deren Inhalte fand die partizipative Beteiligungsmöglichkeit der öffentlichen Konsultation im institutionellen Begutachtungsverfahren des Österreichischen Parlaments vermehrt Anklang in der Bevölkerung. Sie wurde im öffentlichen Diskurs zum ersten Mal als Instrument der Teilhabe an konkreten Gesetzesvorhaben sichtbar.

Für das Gesetz zur Impfpflicht wurden beispielsweise im Zeitraum vom 16. Dezember 2021 bis 17. Januar 2022 insgesamt 108.325 Stellungnahmen abgegeben, ein bisheriger Rekord. Der Großteil dieser Stellungnahmen kam nicht von Organisationen oder Institutionen, sondern von Individualpersonen. Das inhaltliche Spektrum reichte dabei von (zum Teil gleichlautenden) Protestkundgebungen bis hin zu (technischer) Detailkritik (vgl. APA 2022, o.S.; Republik Österreich/Parlament 2022, o.S.).

Auch auf EU-Ebene werden legislative Vorhaben im Vorfeld ihrer öffentlichen Vorstellung durch die Europäische Kommission und vor Weiterleitung an die EU-Legislativorgane (Europäisches Parlament und Rat der Europäischen Union) der Bevölkerung zur Konsultation freigegeben.

Zahlreiche Konsultationen fanden auch hier statt, um Rückmeldungen von der europäischen Bevölkerung zu den erarbeiteten Rechtsvorschriften und politischen Vorhaben im Zuge der COVID-19-Pandemie in Erfahrung zu bringen. Darunter befanden sich beispielsweise Maßnahmen aus dem COVID-19-Aufbauplan bzw. der „Europäische Aktionsplan für Demokratie", um Auswirkungen der COVID-19-Pandemie im Bereich der Justiz und der Grundrechte entgegenzusteuern. Auch legte die Europäische Kommission der Öffentlichkeit Vorschläge zur Überwachung von Hilfsprogrammen oder, als Reaktion auf die COVID-19-Pandemie, Regelungen des Luft- und Schienenverkehrs bzw. der Handelspolitik wie auch konkrete Regelungen zu Pharmazeutika und im Feld des Verbraucherschutzes zur Konsultation vor (vgl. European Commission 2022, o.S.; Bundesministerium für Wirtschaft und Klimaschutz 2022, o.S.).

Öffentliche Konsultationen: Details und Neuigkeiten

Österreichisches Parlament

Seit August 2021 ermöglicht das sogenannte „parlamentarische Begutachtungsverfahren" sowohl Individualbürger*innen als auch Organisationen und Institutionen Stellungnahmen zu allen Vorlagen der österreichischen Bundesregierung, selbständigen Anträgen von Abgeordneten oder Ausschüssen auf Erlassung von Gesetzen, zu Gesetzesanträgen des Bundesrats, Volksbegehren sowie zu Bürgerinitiativen und Petitionen abzugeben. Die Vorlagen und Anträge werden auf der Webseite des Österreichischen Parlaments veröffentlicht, wo diese von der Öffentlichkeit eingesehen werden können und wo die Konsultationsbeiträge gesammelt werden. Zusätzlich kann eine bereits veröffentlichte Stellungnahme auf der Webseite mit einer Zustimmung unterstützt werden.[1]

Neu ist dabei die Ausweitung der Begutachtungsmöglichkeit auf den gesamten parlamentarischen Prozess und die Dauer der Begutachtungsfrist. Die Abgabe von Stellungnahmen ist bis zum Abschluss des parlamentarischen Verfahrens möglich (vgl. Republik Österreich/Parlament 2022, o.S.; Republik Österreich/Parlament 2021, o.S.).

Europäische Kommission

Bereits seit 2003 ist auch die Europäische Kommission dazu verpflichtet, im Zuge der Erarbeitung neuer politischer Maßnahmen und Rechtsvorschriften sowohl die organisierte Zivilgesellschaft als auch unorganisierte Bürger*innen über ihre jeweiligen Vorhaben zu informieren und deren Stellungnahmen einzuholen.

Dieses öffentliche Konsultationsverfahren ist im Artikel 11 des EU-Vertrags festgeschrieben und soll die Einbindung von Bürger*innen in die EU-Politik schon vor der Verabschiedung europäischer Regelungen garantieren. Die Rechtsvorschläge werden für mindestens zwölf Wochen auf einem Portal der Webseite der Europäischen Kommission zugänglich gemacht, wo auch die Stellungnahmen eingegeben werden können. Um die Gesetzgebungsqualität zu verbessern, hat die Europäische Kommission die Aufgabe, die Inhalte der Stellungnahmen in die Folgenabschätzungen einfließen zu lassen und den europäischen Legislativorganen (Europäisches Parlament und Rat der Europäischen Union) vorzulegen (vgl. European Commission 2022, o.S.; European Commission 2021, S. 16).[2]

Relevanz und Aufgaben für die politische Erwachsenenbildung

Ivan Krastev wies 2020 auf einen bedeutsamen Stresstest für Demokratien aufgrund der COVID-19-Pandemie hin: *„COVID-19 ist besonders gefährlich für Menschen mit ‚Vorerkrankungen', und die liberalen Demokratien des Westens litten im letzten Jahrzehnt unter beträchtlichen Funktionsstörungen"* (Krastev zit.n. Ozsváth 2020, o.S.). Sogenannte demokratische „Auszehrungserscheinungen" betreffen vor allem auch die repräsentative Demokratie: Die Beziehungen zwischen politischen Eliten und den Bürger*innen sind, wie Hubert Kleinert schon 2012 konstatierte, gestört, was sich nicht nur in abnehmenden Wahlbeteiligungen manifestiert (vgl. Kleinert 2012, o.S.).

Eine öffentliche Beteiligung an Politik-Prozessen der repräsentativen Demokratie könnte in dieser Krisensituation wieder mehr Bindungskraft zwischen der Gesellschaft und ihren politischen Repräsentant*innen herstellen. Öffentliche Konsultationen könnten demzufolge dazu beitragen, wieder Vertrauen in die Regelungskraft von Politik aufzubauen. Dafür tragen politische Akteurinnen und Akteure sowie die (mediale) Kommunikation mit den Bürger*innen Verantwortung. Aber auch politische Bildungsprozesse wirken bei der Stabilisierung eines demokratischen Gemeinwesens mit.

Politische Erwachsenenbildung bewegt sich hierbei im Spannungsfeld zwischen der Vermittlung von konkreten politischen Verfahren und Institutionen sowie der Sensibilisierung, dass demokratische Prozesse stets unabgeschlossen und veränderbar bleiben müssen: Gesellschaftliches Zusammenleben,

---

1   Link zur Webseite: https://www.parlament.gv.at/PERK/BET/PBEST
2   Link zur Webseite: https://ec.europa.eu/info/law/better-regulation/have-your-say_en

politisches System und Ordnung sind kontingent (vgl. Gürses 2010, S. 5f.). Folgende Aufgabenfelder lassen sich dementsprechend in politischen Bildungsprozessen bearbeiten:

Urteils- und Handlungskompetenz entwickeln

Da Individualbürger*innen zur Wahrnehmung ihrer Bürger*innenrolle Wissen sowie spezifische Fähigkeiten und Bereitschaften benötigen, wird politische Bildung in demokratischen Gesellschaften als eine grundlegende Aufgabe von Bildungsprozessen verstanden (vgl. Stornig 2021, S. 11). In Zeiten gesellschaftlichen Umbruchs kommt politischer Erwachsenenbildung speziell die Rolle zu, Individualbürger*innen zu (neuen) Räumen der Teilhabe am öffentlichen Leben zu verhelfen. Die Beteiligung an institutionellen Gesetzesentstehungsprozessen im Rahmen einer öffentlichen Konsultation erfordert die Entwicklung (kritischer) politischer Urteilskompetenz über diese bestehenden Räume und deren Funktionen, aber auch die Herausbildung konkreter Handlungskompetenz in diesen Räumen (vgl. Krammer 2008, S. 6f.). Das Kompetenz-Strukturmodell von Reinhard Krammer (2008) kann hierbei als Leitlinie zur Zielformulierung politischer Bildungsprozesse dienen.

Demokratische Trends verstärken

Erik Amnå sprach 2010 von „stand-by citizens": Je nach Anlass wechseln Bürger*innen vom „Stand-by-Modus" in den „Aktiv-Modus" (vgl. Amnå 2010, S. 199f.). Die Stellungnahmen zu den COVID-19-Regelungen haben gezeigt, dass Ereignisse, die Betroffenheit hervorrufen, besonders für die Inanspruchnahme partizipativer Demokratie-Instrumente mobilisieren können. Auch die Digitalisierung bietet Mobilisierungspotenziale. Die politische Erwachsenenbildung dient dabei als ein wichtiger Verstärker, um auf diese gesellschaftlichen Entwicklungen im demokratischen Kontext hinzuweisen, Trends aufzugreifen und diese in Bildungsprozessen (kritisch) zu reflektieren bzw. weiterzuentwickeln. Ein Sensorium für vielschichtige demokratische Gestaltungsmöglichkeiten sowie für eine „Demokratie im Präsens" (vgl. Lorey 2020, o.S.) aufzubauen, könnte ein dementsprechendes Ziel politischer Bildungsprozesse sein.

Grenzen und Kritik aufzeigen

Thomas Storning warnt vor einer Überhöhung des Ideals demokratischer Bürger*innenschaft, „wenn aufgrund der Fülle an Zielvorstellungen das tatsächlich Erreichbare aus dem Blickpunkt gerät" (Stornig 2021, S. 26). Für die politische Erwachsenenbildung heißt dies, nicht nur über Potenziale partizipativer Demokratie-Instrumente zu sprechen, sondern auch über Grenzen zu informieren und Kritik aufzuzeigen. Dies kann bedeuten, auf institutionelle Schwächen (z.B. Verarbeitungsprozess als Black Box?, Bloß ein Instrument zur Legitimitätsverstärkung?) oder auf begrenzte Kapazitäten der Bürger*innen aufmerksam zu machen (z.B. mangelndes Wissen über politische Inhalte und Prozesse, fehlende Interaktionsmöglichkeiten mit politischen Repräsentant*innen für Nachfragen und Deliberation) (vgl. Breser 2016, S. 108-111).

Exklusionsprozesse bearbeiten

In Bezug auf die öffentlichen Konsultationen zu den COVID-19-Maßnahmen haben unter anderem (organisierte) Impfgegner*innen institutionelle Beteiligungsplattformen entdeckt, um – zusätzlich zu Demonstrationen – gegen politische Vorhaben zu mobilisieren (vgl. Pflügl/Scherndl 2021, o.S.). Politische Erwachsenenbildung hat diesbezüglich die Aufgabe, das demokratische Feld nicht bloß spezifischen Gruppen oder jenen Individualbürger*innen zu überlassen, die mit Lobbys vernetzt sind. Sie hat einerseits die Aufgabe, auf eine ungleiche Verteilung demokratischer Handlungsspielräume aufmerksam zu machen, andererseits einer möglichst breiten Vielfalt an Bevölkerungsgruppen Zugang zu demokratischer Teilhabe zu eröffnen. In der Konzeption und Durchführung von Bildungsprozessen sind daher vor allem jene mitzudenken, die aus politischen Prozessen ausgeschlossen werden.

Gesellschaftspolitisch positionieren

Die Demokratiefähigkeit von Partizipationsverfahren bemisst sich laut Wolfgang Merkel speziell daran, inwiefern diese Verfahren soziokulturelle Veränderungen wahrnehmen (vgl. Merkel 2016, o.S.). Nimmt die politische Erwachsenenbildung jenen in Österreich immer größer werdenden Bevölkerungsteil in den Blick, der aufgrund von

Migration und fehlender Staatsbürgerschaft von demokratischer Beteiligung an Wahlen ausgeschlossen ist (siehe Valchars/Bauböck 2021), könnte das einerseits bedeuten, demokratische Folgen und Auswirkungen zu diskutieren und zu begründeten Positionierungen anzuleiten. Andererseits könnten öffentliche Konsultationen explizit als Mittel zur Mitbestimmung institutioneller Prozesse in unterschiedlichen Bildungsformaten und Medien für Nicht-Staatsbürger*innen aufbereitet werden:

Durch die Teilnahme an institutionellen Konsultationsprozessen können aus einer Bildungsperspektive heraus Zugehörigkeit und demokratische Ermächtigung entstehen.

Annette Sprung forderte diesbezüglich: *„Daher bedarf es adäquater Angebote, um rechtliche Grundlagen des Zusammenlebens bzw. Systeme zu kennen und zu verstehen"* (Sprung zit.n. Frei/Kulmer 2016, o.S.).

Literatur

Amnå, Erik (2010): Active, passive, or stand-by citizens?: Latent and manifest political participation. In: Ders. (Hrsg.): New forms of citizen participation: Normative implications. Baden-Baden: Nomos, S. 191-203.

APA (2022): Impfpflicht-Begutachtung brach Beteiligungsrekord. In: Der Standard, vom 11.01.2021. Online: https://www.derstandard.at/story/2000132451668/impfpflicht-begutachtung-brach-beteiligungsrekord [Stand: 2022-06-06].

Breser, Britta (2016): Ein Stimmrecht, aber keine Stimme? Zur Beteiligung der unorganisierten Bürgerschaft an EU-Governanceprozessen. Wien/Graz: Neuer Wissenschaftlicher Verlag.

Bundesministerium für Wirtschaft und Klimaschutz (2022): Konsultationen. Online: https://www.bmwi.de/Redaktion/DE/Artikel/Europa/bessere-rechtsetzung-konsultationen.html [Stand: 2022-06-06].

European Commission (2021): Commission Staff Working Document. Better Regulation Guidelines SWD (2021) 305 final. Online: https://ec.europa.eu/info/law/law-making-process/planning-and-proposing-law/better-regulation-why-and-how/better-regulation-guidelines-and-toolbox_de [Stand: 2022-01-20].

European Commission (2022): Recht: Ihre Meinung zählt. Online: https://ec.europa.eu/info/law/better-regulation/have-your-say_en [Stand: 2022-06-06].

Frei, Wilfried/Kulmer, Karin (2016): „Es reicht nicht, ein paar neue Kurse anzubieten." Interview mit Bildungswissenschafterin Annette Sprung. Portal erwachsenenbildung.at. Online: https://erwachsenenbildung.at/aktuell/nachrichten/10801-es-reicht-nicht-ein-paar-neue-kurse-anzubieten.php [Stand: 2022-06-06].

Gürses, Hakan (2010): Das Politische (in) der politischen Bildung. In: Magazin erwachsenenbildung.at, Ausgabe 11. Online: http://www.erwachsenenbildung.at/magazin/10-11/meb10-11.pdf [Stand: 2022-06-06].

Kleinert, Hubert (2012): Krise der repräsentativen Demokratie? In: APuZ – Aus Politik und Zeitgeschichte. Online: https://www.bpb.de/apuz/144105/krise-der-repraesentativen-demokratie [Stand: 2022-06-06].

Krammer, Reinhard (2008): Die durch politische Bildung zu erwerbenden Kompetenzen. Ein Kompetenz-Strukturmodell. Wien: Bundesministerium für Unterricht, Kunst und Kultur.

Lorey, Isabell (2020): Demokratie im Präsens. Berlin: Suhrkamp.

Merkel, Wolfgang (2016): Krise der Demokratie? Anmerkungen zu einem schwierigen Begriff. In: APuZ – Aus Politik und Zeitgeschichte. Online: https://www.bpb.de/apuz/234695/krise-der-demokratie-anmerkungen-zu-einem-schwierigen-begriff [Stand: 2022-06-06].

Ozsváth, Stephan (2020): Zukunft Europas. Politologe Ivan Krastev skizziert Folgen der Corona-Pandemie. Deutschlandfunk, 27.07.2020. Online: www.deutschlandfunk.de/zukunft-europas-politologe-ivan-krastev-skizziert-folgen-100.html [Stand: 2022-06-06].

Pflügl, Jakob/Scherndl, Gabriele (2021): Impfung oder Strafe? Die Debatte spitzt sich zu. In: Der Standard, vom 10.12.2021. Online: https://www.derstandard.at/story/2000131826509/impfung-oder-strafe-die-debatte-spitzt-sich-zu [Stand: 2022-06-06].

Republik Österreich/Parlament (2021): Neue Beteiligungsmöglichkeit auf der Webseite des Parlaments. Parlamentskorrespondenz Nr. 939 vom 31.07.2021. Online: https://www.parlament.gv.at/PAKT/PR/JAHR_2021/PK0939/index.shtml [Stand: 2022-06-06].

Republik Österreich/Parlament (2022): Parlamentarisches Begutachtungsverfahren. Online: https://www.parlament.gv.at/PERK/BET/PBEST/ [Stand: 2022-06-06].

Stornig, Thomas (2021): Politische Bildung im Kontext von Wählen mit 16. Zur Praxis schulischer Demokratiebildung. Wiesbaden: Springer VS.

Valchars, Gerd/Bauböck, Rainer (2021): Migration & Staatsbürgerschaft. Wien: Verlag der Österreichischen Akademie der Wissenschaften.

Mag.* Dr.* Britta Breser, M.E.S

britta.breser@uni-graz.at
+43 (0)316 380–2363

Britta Breser hat Geschichte, Politikwissenschaft, European Studies und Kommunikation studiert und ist in Lehre und Forschung zur Politischen Bildung und Politikdidaktik an der Karl-Franzens-Universität sowie an der Privaten Pädagogischen Hochschule in Graz tätig. Zu ihren Forschungsschwerpunkten gehört unter anderem die Demokratie-Bildung im transnationalen Kontext. Darüber hinaus hat sie berufliche Erfahrungen bei der Europäischen Kommission in Brüssel, der Österreichischen Gesellschaft für Europapolitik in Wien sowie im Journalismus gesammelt.

Public Consultations: Your Opinion Counts!?

Participatory tools of democracy in adult political education

Abstract

Because of the measures to curb the COVID-19 pandemic, especially the controversial vaccine mandate, the opportunity for political participation has become the focus of the general public: public consultations. They occur at both the national and the European level. Since 2021, every single person in Austria can comment on all federal government bills, independent motions of members of the National Council or committees on the enactment of laws, Federal Council (Bundesrat) bills, petitions for a referendum and citizens' initiatives and petitions. All motions and bills as well as all comments must be published on the website of the Austrian Parliament. A total of 108,325 comments were submitted on the draft of the vaccine mandate, the majority of which were from individuals. Something similar has existed at the European level since 2003. Adult political education has a number of responsibilities in connection with public consultations: It should contribute to the development of critical political judgement skills, point out societal developments in a democratic context, pick up on trends and critique them, indicate the potentials and limits of such participatory tools, draw attention to unequal distribution of democratic spheres of influence and last but not least prepare public consultations explicitly as a means for non-citizens to participate in decision-making. (Ed.)

Der Demokratie MOOC

Potentiale und Problemstellen der digitalen Politischen Erwachsenenbildung in der (COVID-19) Krisenzeit

Christin Reisenhofer

Reisenhofer, Christin (2022): Der Demokratie MOOC. Potentiale und Problemstellen der digitalen Politischen Erwachsenenbildung in der (COVID-19) Krisenzeit. In: Magazin erwachsenenbildung.at. Das Fachmedium für Forschung, Praxis und Diskurs. Ausgabe 46, 2022. Online: https://erwachsenenbildung.at/magazin/ausgabe-46.

Schlagworte: Demokratie MOOC, DeMOOC, digitale Politische Erwachsenenbildung, politische Partizipation, Covid, Bildungsbeteiligung, Digitalisierung

Abstract

Erwachsenenbildung ist mit der Frage konfrontiert, wie Bildung, Lehren und Lernen gestaltet werden können, um den Bedürfnissen der Individuen sowie den gesellschaftlichen Ansprüchen an die Bürger*innen gerecht zu werden – insbesondere, aber nicht nur, in der Covid-19-Krisenzeit. Der Massive Open Online Course „Demokratie MOOC" (kurz: DeMOOC) ist gerade in Zeiten, in denen keine Präsenzveranstaltungen durchgeführt werden können, ein entsprechendes niederschwelliges Basisangebot Politischer Bildung – zumindest für jene mit technischer Ausstattung und den nötigen Medienkompetenzen. Der seit Mitte 2019 bestehende MOOC, dessen Module völlig frei wählbar sind, wurde durch ein aktuelles „Corona-Kapitel" ergänzt. Hier werden die jeweiligen Modul-Schwerpunkte anhand der Krisen-Situation reflektiert und diskutiert. (Red.)

13

Kurz vorgestellt

Der Demokratie-MOOC

Potentiale und Problemstellen der digitalen Politischen Erwachsenenbildung in der (COVID-19) Krisenzeit

Christin Reisenhofer

Demokratische Regierungsformen sind auf die aktive Partizipation aller Mitglieder ihrer Gesellschaft angewiesen, um öffentliche Belange im Interesse der Zivilgesellschaft verantwortungsvoll gestalten zu können.

Folgt man Erkenntnissen aktueller Studien wie der jüngsten Europäischen Wertestudie (EVS), zeigt sich jedoch, dass nur 10% der Befragten[1] angaben, Politik wäre ein zentrales Lebensfeld für sie (siehe Glavanovits et al. 2019). 40% der Befragten waren „etwas" an Politik interessiert, 28% „kaum" und 13% „gar nicht". Befragt nach der bevorzugten Regierungsform befanden 16% die Regierungsform „starker Führer" als sehr gut und 5% befürworteten die Regierungsform „Militär" (siehe ebd.).

In Österreich hat(te) die Krisenzeit im Rahmen der Covid-19-Pandemie zur Folge, dass das Vertrauen der Bevölkerung in die Bundesregierung kontinuierlich sank (siehe Brunetti/Kalleitner/Plescia 2021). Der Anteil an Personen, die bei der Befragung im Rahmen des Austrian Corona Panel Project angaben, gar kein Vertrauen in die Bundesregierung zu haben, hat sich zwischen März 2020 (4%) und Jänner 2021 (22%) sogar mehr als verfünffacht (siehe ebd.).

Somit ist eine Politische Erwachsenenbildung in der Krisenzeit vor zumindest zwei Herausforderungen gestellt: Einerseits gilt es, das politische Interesse von Individuen ohne intrinsisch-politische Motivation zu fördern, andererseits interessierte Individuen zu befähigen, an unserer Gesellschaft partizipieren zu können. Wie aber sollen Menschen in Covid-19-Zeiten Politische Bildung in Anspruch nehmen können?

Kurse in Präsenz abzuhalten, war während der ersten Lockdowns in Österreich kaum möglich. Insbesondere Menschen, die ohnehin mit prekären Lebenssituationen konfrontiert waren, waren schwer zu erreichen. Ein Umstand, der nicht nur auf fehlende technische Ausstattungen zurückgeht. So diskutierten jüngst Hanna Lichtenberger und Stefanie Wöhl (2020) sowie Alicia Allgäuer und Mary Kreutzer (2020) die Mehrfachbelastungen, von denen insbesondere alleinerziehende Frauen

---

1   Insgesamt wurden 1.948 Personen mit Hauptwohnsitz in Österreich befragt (siehe Glavanovits et al. 2019).

sowie Migrant*innen und Geflüchtete in Österreich
betroffen waren und sind (z.B. Schulalltag mit
mehreren Kindern auf engstem Raum in deutscher
(Zweit-)Sprache).

Politische Bildner*innen können genau diese
prekären Problemlagen aufgreifen, um politische Bildungsprozesse anzustoßen. Das heißt,
Politische Erwachsenenbildung kann eine
Chance sein, der in der Krise verstärkten Bil-
dungsungerechtigkeit zu begegnen. Dafür braucht
es jedoch Erwachsenenbildner*innen, die sich der
Umsetzung von Politischer Bildung gewachsen
fühlen.

In den Blickpunkt rückt nicht zuletzt deshalb auch
der Demokratie MOOC (kurz DeMOOC). Speziell
in der Corona-Pandemie konnte der DeMOOC die
Grenzen des Distance-Learnings erweitern, indem
der Zugang zur Weiterbildung für Menschen mit
technischer Ausstattung und den nötigen Medienkompetenzen erhalten blieb.

Der Demokratie MOOC in Zeiten der Krise

Mit dem Demokratie MOOC sollen insbesondere
Erwachsenenbildner*innen gestärkt und dazu befä-
higt werden, politische Bildungsprozesse während
und nach der Pandemie anzuregen und zu fördern.
MOOCs (Massive Open Online Courses) sind digitale
und didaktisch vorstrukturierte Kurse, die eine
besonders hohe Teilnehmer*innenanzahl erlauben.

Der Demokratie MOOC wurde im Zuge des Pro-
jekts „Demokratiepolitische Bildung für Erwach-
sene" entwickelt, das durch den VÖV (Verband der
österreichischen Volkshochschulen) in Auftrag
gegeben und durch das Demokratiezentrum Wien
umgesetzt wurde. Die Zielsetzung des MOOCs besteht in der Stärkung der Eigenwahrnehmung der
Teilnehmer*innen als aktive, mündige Bürger*innen
und in der Förderung ihrer Urteils- sowie Handlungs-
fähigkeiten. Er besteht aus den folgenden zehn Mo-
dulen, die jeweils in sich abgeschlossen sind, jedoch
auch Anknüpfungspunkte zueinander beinhalten:

Tab. 1: Modulübersicht zum Demokratie MOOC

Nr.	Benennung	Fokussierte Themenfelder	Bezug zur Lebenswelt
1	Politik und Demokratie	Politik und Demokratie als konkrete Bezugsfelder unterschiedlicher Lebensbereiche	Jede*r ist von Politik betroffen und kann politisch mitwirken
2	Handlungsmöglichkeiten im politischen System Österreichs	Das politische System Österreichs und die Rolle der Bürger*innen	Kenne die eigenen Möglichkeiten zur Durchsetzung eigener Interessen
3	Demokratie und Medien	Medien und Demokratien haben ein vielfältiges Verhältnis	Rolle der Medien in verschiedenen politischen Systemen und für die eigene Partizipation
4	Geschichte der Demokratie – Kampf um Demokratie	Grundlagen einer Geschichte der (modernen) Demokratie	Die Geschichte der Demokratie ist von Brüchen durchsetzt
5	Migration, Integration und Identitäten	Historische und aktuelle Gründe für Wanderung	Identitäten beeinflussen unsere Position im politischen System
6	Demokratie in Europa und Demokratien weltweit	Funktionsweise, Geschichte und Prozesse der Europäischen Union	Handlungsspielräume auf europäischer Ebene und weltweit wahrnehmen
7	Grundrechte und Rechtsstaat	Bedeutung dieser Rechte für das demokratische System	Wissen über Grund- und Menschenrechte auf persönliche Situationen anwenden können
8	Demokratie und Wirtschaft	Einfluss von Wirtschaft auf Politik erkennen vice versa	Verschiedene Wirtschaftssysteme differenzie-ren können und als bedeutend für die eigene Lebensweise erfahren
9	Freiheit und Sicherheit	Bedeutungen und Dimensionen von Freiheit und Sicherheit	Verhältnis zwischen Individuum und Staat reflektieren
10	Staat, Ideologien und Religi-onen	Funktionen von Ideologien und Religionen für die Gesellschaft	Verschiedene Konzepte von Religion und Ideologien sowie deren Bedeutung für individuelle Lebensweisen kennen lernen

Quelle: Demokratiezentrum Wien (2022)

Nach Beginn der COVID-19-Krise wurden die bestehenden Module des DeMOOCs zur Politischen Bildung jeweils durch ein „Corona-Kapitel" ergänzt, in dem der jeweilige bestehende Schwerpunkt des Moduls anhand der Krisen-Situation reflektiert und diskutiert wurde. In diesen Lektionen wird es den Teilnehmenden ermöglicht, über ihre eigenen Erfahrungen nachzudenken und mit aktuellen Debatten zur Corona-Krise in Verbindung zu bringen. Die durch diese Teilnahme erwachsenen Erfahrungen und Lernprozesse können dann wiederum in die Kurse, die die Teilnehmenden im Kontext der Politischen Erwachsenenbildung anbieten, einfließen.

Von März 2019 bis Mai 2022 haben insgesamt über 1.790 Personen am MOOC teilgenommen. Alleine in der Pandemie-Zeit (2020/2021) waren es ca. 700 Personen gewesen. Dies könnte darauf hindeuten, dass der Bedarf an Politischer Bildung durch die Krise verstärkt wurde. Auch der Bedarf an Materialien für den eigenen digitalen Unterricht oder die eigenen Kurse könnte den Teilnahmezuwachs miterklären. Oder aber, viele Erwachsenenbildner*innen, Lehrer*innen, Pädagog*innen, Studierende und privat interessierte Personen haben die Krisenzeit genutzt, um sich selbst online weiter zu bilden.

Potentiale und Problemstellen

Die Frage, inwieweit der Demokratie MOOC als Beispiel einer mediendidaktischen Gestaltung Politischer Erwachsenenbildung sowohl während und nach der Krisenzeit zur Förderung und Umsetzung Politischer Erwachsenenbildung genutzt werden kann, lässt sich mit Blick auf die Potentiale und Schwachstellen des Formats beantworten.

Der DeMOOC ist das erste in Österreich bis dato frei zur Verfügung stehende umfassende Basisprogramm zur Politischen Erwachsenenbildung (in Österreich ist das Angebot für Politische Erwachsenenbildung insgesamt rar). Er erlaubt interessierten Erwachsenenbildner*innen und generell allen interessierten Personen einen niederschwelligen Zugang zur Politischen Erwachsenenbildung. Die Teilnehmenden können selbst entscheiden, welche Themen sie in welcher Weise durcharbeiten möchten, je nach Motivation, Bedarf, Interessen, Ressourcen und Bedürfnissen.

Als herausfordernd erweist sich jedoch der erste Einstieg zur Teilnahme am MOOC, der sich für manche Teilnehmende problematisch gestaltet: Passwörter werden vergessen, E-Mail-Konten können nicht abgerufen werden, der MOOC selbst kann nicht aufgerufen werden oder die Navigation auf iMooX gelingt nicht.

In Tabelle 2 werden die bisher gewonnenen Erkenntnisse zu den Potentialen und Schwachstellen des DeMOOC zusammengefasst dargestellt:

Tab. 2: Potentiale und Schwachstellen, die mit dem Demokratie MOOC und dessen Einsatz im Rahmen Politischer Erwachsenenbildung verbunden sind

Potentiale	Schwachstellen
Weiterbildung auch im Lockdown	mangelnde Zeitressourcen
niederschwelliger Zugang	das Fehlen von aktivem Support
aktive Aneignung der Inhalte	das Gefühl, den Kurs alleine zu absolvieren
nach eigenem Tempo und Interesse	fehlendes Vorwissen
Motivation durch selbstgesteuertes Lernen	Schwierigkeiten mit Sprache und Technik
komplexe Themen strukturiert verfügbar	unübersichtliche Strukturen des MOOCs
Sicherheit für die eigene Lehre gewinnen können	die Einsicht, die dargestellten Lerninhalte nicht zu verstehen
Umsetzungsbeispiele für eigene Kurse einsehen können	fehlende Strategien zum selbstständigen Aneignen der Inhalte

Quelle: Demokratiezentrum Wien (2022)

Ausblick

Subjekt- und konfliktorientierte Politische Bildung kann als Möglichkeit betrachtet werden, gestärkt, solidarisch und mit neuen Zukunftsaussichten aus der Krise hervorzugehen. Dafür braucht es jedoch niederschwellige Lernangebote auch im Sinne von Reflexionsräumen, um Bildungsprozesse anregen zu können. Viele Fragen, die uns im Rahmen der Corona-Krise beschäftig(t)en wie die Rechtmäßigkeit von Ausgangssperren, Konfliktlösungen etc. waren und sind Anlässe, um politische Bildungsprozesse anzustoßen (siehe Heil/Wohnig 2020).

Der Demokratie MOOC versuchte diesen Anforderungen an Politische Bildung während und nach der Corona-Krise durch das frei verfügbare Angebot zur Politischen Bildung zu begegnen. Um die mit seiner Nutzung verbundenen Problemstellen zu überwinden, ist eine fortlaufende Evaluation des DeMOOCs im Rahmen weiterer Fort- und Weiterbildungsangebote in Präsenz-Kursen nach der Krise notwendig.

Literatur

Allgäuer, Alicia/Kreutzer, Mary (2020): Auswirkungen auf Migrant*innen und Geflüchtete in Österreich. In: Schmidinger, Thomas/Weidenholzer, Josef (Hrsg.): Virenregime. Wie die Coronakrise unsere Welt verändert. Befunde, Analysen, Anregungen. Wien: bahoe books.

Brunetti, Anna Lia/Kalleitner, Fabian/Plescia, Carolina (2021): Vertrauen in die österreichische Bundesregierung und in das Gesundheitssystem während der COVID-19-Pandemie. Online: https://viecer.univie.ac.at/corona-blog/corona-blog-beitraege/corona-dynamiken22 [Stand: 2022-06-03].

Glavanovits, Josef/Aichholzer, Julian/Hajdinjak, Sanja/Kritzinger, Sylvia (2019): The European Values Study 2018 – Austria Edition. Vienna: AUSSDA.

Heil, Matthias/Wohnig, Alexander (2020): Politische Bildung unter Bedingungen sozialer Distanz in der Corona-Krise: Lerngelegenheit, Herausforderung und neue Formate. In: Medienimpulse, 58, 02, S. 1-24.

Lichtenberger, Hanna/Wöhl, Stefanie (2020): Strukturelle Sorglosigkeit: Die 24-Stunden-Betreuung in der Covid-19-Krise. In: Femina Politica – Zeitschrift für feministische Politikwissenschaft, 29, 2, S. 133-134.

Röthler, David/Schön, Sandra (Hrsg.) (2017): Wie digitale Technologien die Erwachsenenbildung verändern. Zwischen Herausforderung und Realisierung. Magazin erwachsenenbildung.at, Ausgabe 30. Online: https://erwachsenenbildung.at/magazin/17-30/meb17-30.pdf [Stand: 2022-06-03].

Weiterführende Links

Informationsseite zum Demokratie MOOC: https://demooc.at

Online-Kurs: https://imoox.at/course/demooc

Mag.* Christin Reisenhofer, BA MA

christin.reisenhofer@univie.ac.at
+43 (0)1 4277-46816

Christin Reisenhofer war als wissenschaftliche Mitarbeiterin des Demokratiezentrums Wien für die inhaltliche Erstellung, Gestaltung und Weiterentwicklung des DeMOOCs zuständig. Auch die Konzeption und Durchführung von Workshops, Vorträgen und Kursen zu Themen wie Politische Erwachsenenbildung, schulische und außerschulische Politische Bildung, Diversität und Medienpädagogik zählten zu ihren Aufgaben. An der Donau-Universität Krems lehrt sie Medienpädagogik und -didaktik sowie Lerntheorien im Lehrgang E-Education. Aktuell ist sie Universitätsassistentin (Praedoc) am Arbeitsbereich für Psychoanalytische Pädagogik des Instituts für Bildungswissenschaft der Universität Wien, psychoanalytisch-pädagogische Erziehungsberaterin und Kinderbeiständin.

The Democracy MOOC

Potentials and problems of digital adult political education during (the COVID-19) crisis

Abstract

Adult education is confronted with the question of how to organize education, teaching and learning to meet the needs of individuals as well as society's demands on its citizens—especially but not only during the COVID-19 crisis. Even in times when in-person events cannot be held, the massive open online course „Democracy MOOC" (abbreviation: De-MOOC) is an accessible basic course in political education—at least for people with the technology and necessary media literacy. The MOOC, whose modules may be chosen freely, has been offered since the middle of 2019. It is now supplemented by a current „Coronavirus chapter" that includes reflection and discussion of the emphasis of each module as it pertains to the crisis situation. (Ed.)

Post/pandemisches Leben.
Eine neue Theorie der Fragilität

Yener Bayramoğlu, María do Mar Castro Varela

Georg Ondrak

Ondrak, Georg [Rez.] (2022): Bayramoğlu, Yener/ do Mar Castro Varela, María (2021): Post/pandemisches Leben. Eine neue Theorie der Fragilität. In: Magazin erwachsenenbildung.at. Das Fachmedium für Forschung, Praxis und Diskurs. Ausgabe 46, 2022.
Online: https://erwachsenenbildung.at/magazin/ausgabe-46.

Schlagworte: Pandemie, Fragilität, Normativität, Vulnerabilität, Digitalität, Rassismus, Solidarität, Ethik, Politik, Kunst, Nekropolitik, Biopolitik

„Die Corona-Pandemie und der damit einhergehende ‚Ausnahmezustand' bieten die Gelegenheit, Normativitäten infrage zu stellen, aber auch einen Blick in die Zukunft zu werfen. Mit ihrer neuen Theorie der Fragilität verdeutlichen Yener Bayramoğlu und María do Mar Castro Varela, dass es im Sinne sozialer Gerechtigkeit weniger um eine Akzeptanz heterogener Lebensweisen gehen sollte als vielmehr um die Beachtung und Akzeptanz von Vulnerabilitäten, die strukturell befördert und stabilisiert werden. Ihr Ansatz bringt unterschiedliche Perspektiven aus Ethik, Politik und Kunst zusammen und bietet – u.a. im Kontext von Digitalität, Rassismus und Solidarität – die Möglichkeit, die Pandemie anders zu evaluieren." (Verlagsinformation)

Yener Bayramoğlu/María do Mar Castro Varela
Post/pandemisches Leben.
Eine neue Theorie der Fragilität
Bielefeld: transcript 2021
208 Seiten

Post/pandemisches Leben.
Eine neue Theorie der Fragilität

Yener Bayramoğlu und María do Mar Castro Varela

Georg Ondrak

Mit ihrer Theorie der Fragilität versuchen die beiden Autor*innen Yener Bayramoğlu und María do Mar Castro Varela eine neue Perspektive auf die Covid-19-Pandemie und ihre sozialen Folgen zu entwickeln. Sie widmen sich jenen Phänomenen, die das Vergrößerungsglas der Pandemie sichtbarer hat werden lassen, und bilden mit dem ins Zentrum gerückten Begriff der Fragilität und der Anerkennung der Abhängigkeit von anderen einen Gegenpol zu einer „Politik der Stärke", die Fragilität negiert, auf Gewinn, Konkurrenz, permanentes Wachstum und Ausgrenzung setzt.

Seit mit Beginn des Jahres 2020 die Corona-Pandemie einsetzte, ringt der linke und progressive Diskurs um eine Perspektive und Positionierung zur Covid-19-Pandemie und ihren gesellschaftlichen und politischen Folgen. Die Welt erschien (zumindest scheinbar) von einem Moment auf den anderen nicht mehr dieselbe zu sein. Dementsprechend groß waren die Irritation und die Suche nach Orientierung.

Die Diskussion über den Umgang mit der Corona-Pandemie bewegte sich lange in einem Spannungsfeld zwischen einer Zero-Covid-Kampagne, *„welche in einem konzentrierten Akt gesellschaftlicher Mobilisierung"* (Mayer 2021, S. 24) mit einem harten, solidarischen, europaweiten Lockdown an einen Punkt kommen wollte, an dem die Infektionszahlen gegen Null gehen (vgl. ebd.), und Ansätzen wie jenen des Journalisten und Autors Panagiotis Sotiris.

Laut Sotiris ist es die Aufgabe der Linken *„Vorschläge zu machen, die über die Lockdown-Strategie, mit all ihren Fallstricken, ihren klassenspezifischen Effekten und autoritären Aspekten, hinausgehen"* (Sotiris 2021, S. 18). Ausgangspunkt dafür ist nach Sotiris eine demokratische Biopolitik. Diese steht im Gegensatz zu einer autoritären, disziplinierenden Biopolitik und zu einer sogenannten Nekropolitik des Neoliberalismus (Politik des Todes). Dabei wird nicht nur die Frage wirksam, wer Infektionsrisiken ausgesetzt wird, sondern der Blick auch darauf gelenkt, wie *„soziale Ungleichheit, Prekarität und sozioökonomischer Stress die Verletzlichkeit einzelner Bevölkerungsgruppen erhöht"* (ebd., S. 20). Eine Alternative zur dominanten Politik *„müsste die Aufhebung der Sozialität, die schon im Begriff Social Distancing enthalten ist, zurückweisen. Gleichzeitig müsste sie auf die Wiederherstellung der*

Bedingungen von Sozialität, Solidarität und Sorge drängen und gegen die ständige Herstellung und Neuverhandlung von Vulnerabilität und Anfälligkeit [...] ankämpfen" (ebd.).

Einen weiteren Beitrag zu dieser Diskussion sowie zur Schaffung einer Perspektive auf die Verhältnisse in der Pandemie, aber vor allem auch zu deren analytischen Aufarbeitung bietet das im Herbst 2021 im transcript Verlag erschienene Buch „Post/pandemisches Leben. Eine neue Theorie der Fragilität".

Verfasst wurde das Buch vom Medien- und Kommunikationswissenschaftler Yener Bayramoğlu, dessen Arbeitsschwerpunkte in den Bereichen Queer Theory, Digitale Medien, Migration und Verschwörungstheorien liegen, und von der Diplom-Psychologin, Diplom-Pädagogin und Politikwissenschaftlerin María do Mar Castro Varela, die sich in ihrer Arbeit vor allem mit Themen der Postkolonialen Studien, der Kritischen Bildung, der Traumaforschung und ebenfalls mit Migration und Verschwörungstheorien auseinandersetzt.

Zerbrechlichkeiten und Widersprüche interdisziplinär anerkennen

Das Einsetzen der Pandemie hat in vielerlei Hinsicht die Fragilität des Lebens, von Gesundheit, Beziehungen, Gesellschaft und Demokratie verstärkt spürbar gemacht. Menschen erkrankten oder starben an dem Virus und in vielen Ländern brachen die Gesundheitssysteme zusammen oder standen vor dem Kollaps. Das Leben unterlag einer verstärkten Kontrolle, staatlicherseits, aber auch im Kleinen, gegenseitig, zwischenmenschlich. Beziehungen und Freundschaften ließen sich im Zuge der Lockdowns nicht mehr oder teilweise nur schwer aufrechterhalten, wir entfernten uns voneinander, nicht nur körperlich. Die Gewalt in Beziehungen, besonders an Frauen und Kindern nahm zu, und in den sozialen Medien sowie auf den Straßen mobilisierten vor allem rechte Parteien und Initiativen zu sogenannten Querdenker*innen-Demos, und das mit erheblichem Zulauf. Für Bayramoğlu und Castro Varela warfen diese durchwegs verstörenden Erfahrungen viele Fragen auf. *„Was bedeutet Solidarität in einer Situation, in der Berührungen und Treffen unter Freund*innen illegitim sind? [...] Wie können wir eine Beziehung zu unserem Körper aufbauen, die nicht auf Kontrolle basiert und einer gewaltvollen Normativität folgt? [...] Wie kommt es, dass sich einige Menschen besonders resilient gegen Desinformation und Verschwörungstheorien zeigen? Was macht uns alle zugleich doch auch anfällig dafür? [...] Wem glauben in einer Zeit der Gerüchte und Desinformation? [...] Was hoffen in einer Zeit der Verzweiflung? [...] Wie die Demokratie retten und den Klimawandel aufhalten?"* (Bayramoğlu/Castro Varela 2021, S. 15f.)

Die Auseinandersetzung mit diesen Fragen gab den Anlass zur Entwicklung einer Theorie der Fragilität, die dabei helfen soll, post/pandemisches Leben zu verstehen und dabei Unsicherheiten, Ambivalenzen und Widersprüche auszuhalten und lebbar zu machen. Die Zerbrechlichkeit des Lebens, seine Vulnerabilität und Fragilität, die vor der Pandemie vor allem für marginalisierte Gruppen bereits Realität waren und durch den Ausbruch von Covid allgemein verstärkt spürbar wurden, sind dabei Ausgangspunkt für die Gesellschaftsanalyse der beiden Autor*innen.

Wichtig bei ihren Überlegungen und Analysen ist den Autor*innen ein breiter, übergreifender Ansatz aus Queer Theory, postkolonialen Perspektiven, feministischen Theorien und Rassismus kritischem Wissen. Ein Gegenpol zu positivistischen Ansätzen soll hergestellt werden: *„Eine geeignete Gesellschaftsanalyse macht es notwendig, disziplinäre Grenzziehungen zu überschreiten. Außerdem ist es wichtig die wieder erstarkenden positivistischen Paradigmen in der Wissenschaft herauszufordern"* (ebd., S. 22). Zu diesen gehört für die Autor*innen einerseits das Pochen auf Fakten, das scheinbar besser in eine Zeit von Unsicherheiten, Ängsten und rasantem Individualismus passt, andererseits auch die Verdrängung von kritischem Wissen an die Ränder des Wissenschaftlichen.

Aufbau und Inhalt im Überblick

Neben Geleitworten unter anderem von der Philosophin Judith Butler, einem Vorwort und einer Einleitung als erstem Kapitel, gliedert sich das Buch in sieben weitere Kapitel. Kapitel II widmet sich einer Illustration der Theorie der Fragilität, die gleichsam die Grundlage für die weiteren Betrachtungen des Buches darstellt. Kapitel III „Zurück zu welcher Normalität" verdeutlicht, dass eine Rückkehr zu einer vorpandemischen Normalität und zu den Vorstellungen von einem guten Leben, wie sie von einer kleinen hegemonialen Minderheit entfaltet wurden, längst nicht für alle Menschen erstrebenswert ist. In Kapitel IV beschreiben die Autor*innen die Verhältnisse in der Pandemie mit einem weiteren Begriff: Nekropolitik – eine Politik, die soziale Exklusion befördert. Einerseits wird alles dafür getan, die einen zu retten, andererseits kümmert es niemanden, wenn andere ihr Leben, symbolisch oder tatsächlich, verlieren. Kapitel V wagt unter anderem vertiefend einen Blick auf die Geschichte vergangener Pandemien und zeigt dabei auf, wie sich immer wieder Diskurse und Praxen entwickelten, die vulnerable Gruppen zu einer Gefahr und somit zu einem zu „bekämpfenden Feind" abstempelten. Menschen, die an neuartigen Viren erkranken oder über keine starke Lobby verfügen, werden im Zuge der Nekropolitik sich selbst überlassen. So gibt es beispielsweise noch immer keinen wirksamen Impfstoff gegen Malaria. Das Kapitel berichtet auch vom Widerstand gegen die schleppende Erforschung des HI-Virus und der Selbstermächtigung der Betroffenen, aber auch von den schmerzvollen Erfahrungen während der AIDS-Epidemie. Kapitel VI fragt unter anderem, welche Konsequenzen es hat, wenn sich Menschen über einen langen Zeitraum nicht näherkommen oder berühren können. Werden Affekte wie Ekel und Beschämung dadurch beschleunigt? Kapitel VII widmet sich den Themen der Sozialen Medien und der Künstlichen Intelligenz. Im Fokus steht hier das in der Pandemie beförderte Phänomen der Verschwörungstheorien, sowohl online in den Sozialen Medien als auch auf der Straße bei den sogenannten Anti-Corona-Maßnahmen Demos. Im letzten Abschnitt des Buches erfolgt der Versuch, die bisher aufgestellten und diskutierten theoretischen Fragmente zusammenzufügen. Die durchaus gelungene Zusammenführung birgt auch die Einsicht, dass die Komplexität der post/pandemischen Welt Knoten hinterlässt, die nicht so einfach zu lösen sind. Unter dem Blickpunkt der Fragilität werden diese Knoten in ihrer Unauflösbarkeit hingenommen. Dieses Scheitern ist für die Autor*innen kein Erfolg, aber *„seine Hinnahme könnte unter Umständen den Weg hin zu einer gerechteren Welt weisen"* (ebd., S. 26).

Hervorzuhebende Aspekte

Die Pandemie als Vergrößerungs- und Brennglas: Yener Bayramoğlu und María do Mar Castro Varela argumentieren in ihrem Buch, dass die Pandemie wie eine Art Vergrößerungsglas wirkt, welches uns verstärkt Zerbrechlichkeit und Fragilität vor Augen geführt hat, die sehr wohl bereits vor der Pandemie vorhanden waren, aber durch die Pandemie allgemein sichtbarer wurden. Zugleich wirkt die Pandemie aber auch wie ein Brennglas, das diese Zerbrechlichkeiten befeuert.

Wir sitzen nicht alle im selben Boot: Fragilität, Verletzlichkeit und deren Verstärkung durch die Pandemie betrafen nicht alle Menschen im gleichen Maße. Betroffen waren und sind vor allem Gruppen, deren Leben ohnehin auch vor der Pandemie schon prekär und vulnerabel war. Ihre Betroffenheit ist eher im Sinne eines strukturellen Kontinuums zu sehen, das durch Krisen wie die Pandemie noch stärker aufflammt (vgl. Braidotti 2019 in Bayramoğlu/Castro Varela 2021, S. 100).

Queere Perspektive: Wichtig war es den Autor*innen bei der Auseinandersetzung mit der Pandemie und der Verfassung ihrer Theorie, queere Positionen einzunehmen: *„Queere Politiken fungieren insbesondere angesichts der Diskussion um eine ‚Rückkehr zur Normalität' als Leuchttürme. Denn die Fixierung von dem, was als Normalität definiert wird, war seit jeher genau das, was queeres Denken mit Skepsis hinterfragt. Weil queeres Leben schon immer sowohl an den Rändern stattfand, als auch beständig mit Krankheit assoziiert, und als anders markiert wurde, treffen wir in queeren Räumen auf ein Wissen, [...], das uns aber hilft, durch die post/pandemische Krise zu kommen"* (Bayramoğlu/Castro Varela 2021, S. 36).

Die Theorie der Fragilität: Yener Bayramoğlu und María do Mar Castro Varela fassen die durch das Vergrößerungsglas der Pandemie sichtbarer gewordenen Phänomene mit der Klammer der Fragilität. Die Autor*innen gehen dabei auf verschiedene Ebenen der Fragilität ein, auf der Mikroebene auf die Fragilität der eigenen Körper, auf der Mesoebene u.a. auf die Fragilität von Beziehungen, auf der Makroebene u.a. auf die Fragilität der Demokratie. In Deutschland und Österreich wurde hier eine wachsende Staatsphobie, die im klaren Gegensatz zur wichtigen Praxis der Staatskritik gesehen werden kann, beobachtbar. Staat und Staatlichkeit wurden als eine Art permanente Bedrohung wahrgenommen. Die Makroebene verweist aber auch auf die Fragilität und Ungerechtigkeit auf globaler und internationaler Ebene. Etwa bei der Frage der Verteilung von Impfstoffen. Die Theorie der Fragilität steht dabei im Gegensatz zu einer vor allem durch den sogenannten Globalen Norden zur Vorherrschaft gebrachten Politik der Stärke. Die Politik der Stärke negiert die Fragilität. Sie argumentiert ausgrenzend, marginalisiert jene, die an den Rändern einer heteronormativen, kapitalistischen Gesellschaft leben. Sie agiert gewalttätig und reduziert – im Gegensatz zu einem solidarischen, verantwortungsvollen Handeln – ideologisch auf die individuelle Ebene.

Die Autor*innen plädieren dafür, sich der Fragilität zu stellen und diese zu analysieren: *„Anstatt eines grausamen Optimismus regiert die kritische Auseinandersetzung mit sich selbst und der grausamen Welt, die wir bewohnen"* (ebd., S. 46). Die Theorie der Fragilität fordert eine Anerkennung derselben auf den vielen Ebenen menschlichen Lebens, aber auch in der Beziehung Mensch-Natur. Ihre Grundlage ist auch die Anerkennung gegenseitiger Abhängigkeit. Empfehlungen zum sozialen bzw. politischen Handeln müssen auf diesen Einsichten und Grundlagen basieren. Ein solches Ins-Zentrum-Rücken der Fragilität kann eine Politik implementieren, die insofern ethisch ist, als dass wir auch die Abhängigkeit von anderen zur Kenntnis nehmen und anerkennen. Diese Anerkennung soll in eine Politik münden, die den*die andere*n nicht als

Gefahr sieht, wie etwa bei Verschwörungstheorien, wenn sie marginalisierte Gruppen angreifen. Man kann lernen, die Abhängigkeit von anderen wertzuschätzen. Die Autor*innen fordern schließlich auf dieser Grundlage auch eine Utopiefähigkeit, *„denn Utopien ermöglichen, sofern sie nicht von Selbstkritik entkoppelt sind, eine Re-Politisierung und eröffnen so Handlungsmacht"* (ebd.).

Fazit

Yener Bayramoğlu und María do Mar Castro Varela bieten auf der Grundlage ihrer Theorie der Fragilität eine vielseitige und vielschichtige Analyse zu post/pandemischen Zeiten. Ihre Theorie erfährt dabei eine permanente Anwendung. Die vielen unter der Klammer der Fragilität aufgearbeiteten Themenfelder (etwa die durch die Pandemie sichtbar gewordenen und teilweise verstärkten Phänomene und sozialen Probleme), die in dieser Rezension gar nicht alle ausführlich erwähnt werden können und sollen, machen das Buch äußerst lesenswert. Wichtig und bedeutend erscheint auch der Begriff des Vergrößerungsglases. Die Pandemie hat Probleme nicht hervorgebracht, sondern verweist auf problematische Kontinuitäten. Die Pandemie selbst wird somit nicht zum singulären, ahistorischen Ereignis, sondern verweist auf problematische Strukturen und Diskriminierungen, die auch vor der Pandemie schon Teil unserer Gesellschaftsordnung waren. Das Buch ist besonders für Leser*innen, die nach theoretischen Bezugspunkten in einer von multiplen Krisen bewegten Zeit suchen, absolut empfehlenswert.

Literatur

Mayer, David (2021): Ziel auf Null. In: Tagebuch – Zeitschrift für Auseinandersetzung, Nr. 2. Wien: Tagebuch Verlag e.V., S. 24-25.

Sotiris, Panagiotis (2021): Grenzen des Lockdown. Aus dem Englischen von Benjamin Opratko. In: Tagebuch – Zeitschrift für Auseinandersetzung, Nr. 2. Wien: Tagebuch Verlag e.V., S. 16-20.

Georg Ondrak, M.A.

georg.ondrak@gmx.net
+43 (0)699 12171377

Georg Ondrak studierte Soziologie an der Universität Wien. Er absolvierte ein Praktikum bei der Pädagogischen Arbeits- und Forschungsstelle des Verbands Österreichischer Volkshochschulen sowie beim Österreichischen Volkshochschularchiv. Für seine Masterarbeit: „Bildung – für wen? Eine exemplarisch wissenssoziologische Fallstudie zur Volkshochschul-Erwachsenenbildung in Wien" erhielt er den Ludo-Hartmann-Förderungspreis 2013. Er war unter anderem für den Jour Fixe Bildungstheorie I Bildungspraxis, das Zukunftsforum Erwachsenenbildung sowie diverse Projekte in Kooperation mit dem Verband Österreichischer Volkshochschulen und dem Österreichischen Volkhochschularchiv tätig und arbeitet als Programm-Manager bei den Wiener Volkshochschulen.

Impressum/Offenlegung

Magazin erwachsenenbildung.at

Das Fachmedium für Forschung, Praxis und Diskurs
Gefördert aus Mitteln des BMBWF
erscheint 3 x jährlich online, mit Parallelausgabe im Druck
Online: https://erwachsenenbildung.at/magazin

Herstellung und Verlag:
BoD – Books on Demand, Norderstedt

ISSN: 1993-6818 (Online)
ISSN: 2076-2879 (Druck)
ISSN-L: 1993-6818
ISBN: 9783755792864

Projektträger

CONEDU – Verein für Bildungsforschung und -medien
Keplerstraße 105/3/5
A-8020 Graz
ZVR-Zahl: 167333476

Medieninhaber

Bundesministerium für Bildung,
Wissenschaft und Forschung
Minoritenplatz 5
A-1010 Wien

Bundesinstitut für Erwachsenenbildung
Bürglstein 1-7
A-5360 St. Wolfgang

Herausgeber*innen der Ausgabe 46, 2022

Sonja Luksik MA (ÖGPB)
Dr. Stefan Vater (VÖV)

Herausgeber*innen des
Magazin erwachsenenbildung.at

MinR Robert Kramreither (BMBWF)

Fachbeirat

Univ.-Prof.* Dr.* Elke Gruber (Universität Graz)
Dr. Lorenz Lassnigg (Institut für Höhere Studien)
Mag. Kurt Schmid (Institut für Bildungsforschung der Wirtschaft)
Mag.* Julia Schindler (Universität Innsbruck)
Dr. Stefan Vater (Verband Österreichischer Volkshochschulen)
Mag. Lukas Wieselberg (ORF science.ORF.at und Ö1)

Redaktion

Mag.* Bianca Friesenbichler (Verein CONEDU)
Mag. Wilfried Frei (Verein CONEDU)

Fachlektorat

Mag.* Laura R. Rosinger (Textconsult)

Übersetzung

Übersetzungsbüro Mag.* Andrea Kraus

Satz

Mag.* Sabine Schnepfleitner (Verein CONEDU)

Design

Karin Klier (tür 3))) DESIGN)

Website

wukonig.com | Wukonig & Partner OEG

Medienlinie

„Magazin erwachsenenbildung.at – Das Fachmedium für Forschung, Praxis und Diskurs" (kurz: Meb) ist ein redaktionelles Medium mit Fachbeiträgen von AutorInnen aus Forschung und Praxis sowie aus Bildungsplanung, Bildungspolitik u. Interessensvertretungen. Es richtet sich an Personen, die in der Erwachsenenbildung und verwandten Feldern tätig sind, sowie an BildungsforscherInnen und Auszubildende. Das Meb fördert die Auseinandersetzung mit Erwachsenenbildung seitens Wissenschaft, Praxis und Bildungspolitik und spiegelt sie wider. Es unterstützt den Wissenstransfer zwischen aktueller Forschung, innovativer Projektlandschaft und variantenreicher Bildungspraxis. Jede Ausgabe widmet sich einem spezifischen Thema, das in einem Call for Papers dargelegt wird. Die von AutorInnen eingesendeten Beiträge werden dem Peer-Review eines Fachbeirats unterzogen. Redaktionelle Beiträge ergänzen die Ausgaben. Alle angenommenen Beiträge werden lektoriert und redaktionell für die Veröffentlichung aufbereitet. Namentlich ausgewiesene Inhalte entsprechen nicht zwingend der Meinung der HerausgeberInnen oder der Redaktion. Die HerausgeberInnen übernehmen keine Verantwortung für die Inhalte verlinkter Seiten und distanzieren sich insbesondere von rassistischen, sexistischen oder sonstwie diskriminierenden Äußerungen oder rechtswidrigen Inhalten solcher Quellen.

Alle Artikel und Ausgaben des Magazin erwachsenenbildung.at sind im PDF-Format unter https://erwachsenenbildung.at/magazin kostenlos verfügbar. Das Online-Magazin erscheint parallel auch in Druck (Print-on-Demand) sowie als E-Book.

Urheberrecht und Lizenzierung

Wenn nicht anders angegeben, erscheint die Online-Version des „Magazin erwachsenenbildung.at" ab Ausgabe 28, 2016 unter der Creative Commons Lizenz CC BY 4.0 (https://creativecommons.org/licenses/by/4.0/deed.de).

BenutzerInnen dürfen den Inhalt zu den folgenden Bedingungen verbreiten, verteilen, wiederveröffentlichen, bearbeiten, weiterentwickeln, mixen, kompilieren und auch monetisieren (kommerziell nutzen):

- Namensnennung und Quellenverweis. Sie müssen den Namen des/der AutorIn nennen und die Quell-URL angeben.
- Angabe von Änderungen: Im Falle einer Bearbeitung müssen Sie die vorgenommenen Änderungen angeben.
- Nennung der Lizenzbedingungen inklusive Angabe des Links zur Lizenz. Im Falle einer Verbreitung müssen Sie anderen die Lizenzbedingungen, unter die dieses Werk fällt, mitteilen.

Die gesetzlichen Schranken des Urheberrechts bleiben hiervon unberührt. Nähere Informationen unter www.creativecommons.at.

Im Falle der Wiederveröffentlichung oder Bereitstellung auf Ihrer Website senden Sie bitte die URL und/oder ein Belegexemplar elektronisch an magazin@erwachsenenbildung.at oder postalisch an die angegebene Kontaktadresse.

Kontakt und Hersteller

Magazin erwachsenenbildung.at
Das Fachmedium für Forschung, Praxis und Diskurs
p. A. CONEDU – Verein für Bildungsforschung und -medien
Keplerstraße 105/3/5, A-8020 Graz
magazin@erwachsenenbildung.at